弁護士・税理士・上場企業取締役だから分かった

伸びてる会社の意外な共通点

三谷 淳

未来創造弁護士法人代表弁護士・税理士・
株式会社エイアンドティー取締役

合同フォレスト

はじめに

本書は、私がこれまでに見てきた、延べ1万社の飛躍的に経営を伸ばしている会社が共通してやっていることをお伝えしています。

なぜ私が、これほど多くの伸びてる会社の経営者と時間をともにできたのか。

それは、以下に挙げる、少し珍しい私の3つの肩書きが関係しています。

・弁護士
・税理士
・上場会社の取締役

私は、現在、全国100社以上の会社から顧問弁護士契約をいただいています。弁護士というのは、上場やM&Aといった企業にとって大成功の場面に立ち会うこともあれば、裁判所から選任されて破産管財人に就任するなど、企業にとって最悪のケースに関わることもあります。企業にとっての大成功、大失敗のいずれの場面でも経営者たちの本音に触れることになります。

経営を考えるにあたっては、法律や契約よりも、売り上げや利益、資金繰りといったお金が大切な場面が多いものです。そこで、私の税理士としての知識や資格が生きてきます。

さらに私は、現在、東証ＪＡＳＤＡＱ上場企業の取締役に選任され、売上高約１００億円、社員数約３５０人という会社の当事者として、設備投資のタイミング、新規事業の取捨選択、社員教育、リスクヘッジなどについて懸命に知恵を絞っています。

このような１人３役は珍しいと思いますが、それぞれの立場から会社を見ることで、経営を立体的に見られるようになりました。

また、運よく大学３年生で司法試験に最年少合格し、「先生」と呼ばれて勘違いし有頂天になっていた私は、京セラの創業者である稲盛和夫氏と盛和塾の先輩経営者に叱っていただいたことで、経営の王道を教わることができました。

そのほかにも、２０１０年に私が立ち上げた同世代経営者勉強会【S70's】には、これまでに延べ３０００人の経営者が集まってくれましたし、所属する中小企業家同友会や法人会でも素晴らしい経営者の仲間を得ることができました。

私は、経営者と話す機会を得ると、すぐにその会社の強みや特色、社長が大切にしていることや工夫していること、これまでの失敗談や利益が出ている秘訣などを聞き出します。昼夜問わず、このような時間を過ごしているうちに、私は経営が伸びてる多くの会社で社長が大切にしていることや考え方、取り組みに意外な共通点があることに気付きました。

そこで私は、自分が経営する弁護士法人でできるだけまねをしてみました。するとと、（もちろんすべてをまねできたわけではありませんが）なんとたった3年の間に、事務所の売り上げも顧問契約数も3倍になったのです。もちろん、私の事務所はまだ小さな規模ですが、いまも着実に成長を続けている実感があります。

このように、幸運にも多くの素晴らしい経営者と時間をともにできた結果気付いた、伸びてる会社に共通する成長の秘訣を30項目にまとめたのが本書です。

中には意外に思われる項目や、当たり前すぎると思われる項目があるかもしれませんが、あなたの会社でも、同じことを1つでも2つでもまねしてみれば、必ず売り上げと利益が伸びることをお約束します。

私は弁護士ですから、顧問契約をいただいた会社の法律相談に乗り、トラブルの解決や契約書の作成などの法律業務を行います。しかし、このような弁護士らしい法律業務は全体の仕事の半分くらいです。私の仕事の残り半分は、本書で述べた30項目を繰り返し社長に伝え、「絶対にできるから頑張りましょう」と背中を押し、「少し成功したからといってサボろうとしないように」と尻を叩くという役割が占めています。

これは本来の顧問弁護士のイメージとはかけ離れているかもしれません。しかし、経営者が会社を経営する目的は「売り上げを増やし、利益を伸ばすこと」に尽きますので、私のような変わり者の顧問弁護士の存在が喜んでもらえるのです。

420万社といわれるわが国の会社の1社でも多くが、経営を伸ばし、雇用を増やし、納税していくことが、国の将来、未来の子どもたちのためになるという思いをもって本書を書きました。

＊なお、本書のタイトルや本文で使用している「伸びてる会社」という表現は、正しくは「伸びている」とすべきですが、現在進行形で成長しているスピード感や躍動感を伝えるためにあえて「伸びてる」という表現にしています。

もくじ

第2章　伸びてる会社の社長が好きなこと

第3章 伸びてる会社の社長と社員

第4章 伸びてる会社の経理と会計

第5章　伸びてる会社の社長の習慣

第6章　伸びてる会社の社長の仕事観

第1章

伸びてる会社の仕事の進め方

共通点1

自分が売りたいものを売らない

伸びてる会社は、よい製品やよいサービスを提供しています。

しかし、**伸びてる会社の社長は「よい製品やよいサービスを提供すれば売れる」とは考えていません。自分の会社がよい製品やよいサービスを提供しているから伸びてるわけではない、と自覚しているのです。**

たとえば、製造業の場合、同じ値段なら高品質、高性能なもののほうが売れると考える人が多いと思いますが、残念ながら結果はそうではありません。

デザイナーやクリエーター、士業など、専門性の高い仕事の場合も同様です。自分の腕に自信がある人ほど、「いい仕事をすれば売れるはず」と考える傾向にあります。もちろんこれは正論なのですが、結果は必ずしもそのとおりにはなりません。

「ライバル商品より自社の商品のほうが品質がいいのに、なぜ売れないんだ」

「あいつより自分のほうが腕がいいのに、なぜあっちのほうが儲かっているんだ」

などと疑問に思っている社長は、「むしろ大切なのは売り方である」ということに気付くと、一気に事業が発展する可能性があります。

具体的な例を挙げてみましょう。

世の中に携帯電話が普及した当初、パナソニック、ＮＥＣ、富士通、ソニー、シャープなど日本の大手メーカーが市場を席巻しました。ところが、主力製品がスマートフォンに移行した現在においては、アップルや韓国、中国のメーカーにユーザーを奪われ、ほとんどの日本メーカーはシェアを大きく落とすか、携帯電話端末事業から撤退し、部品の供給に専念するようになっています。

日本製の携帯端末は、テレビ放送を視聴できる「ワンセグ」や操作方法を案内するコンシェルジュ機能など多機能で便利なものでした。しかし、これは作り手が主導して多機能こそよい製品だと考えただけで、じつはユーザーはそれを求めていなかったのです。

同じ値段なら高機能や高品質のものが売れるかというと、そうではありません。ユーザーは、多機能であるがゆえに読み切れないほど分厚い取扱説明書が付いているスマホより、シンプルでかっこいいデザインのｉＰｈｏｎｅに引かれるのです。

つまり、**伸びてる会社は、お客様がいま何を求めているかという「お客様のニーズ」、バリアフリーや環境負荷の低減といった「時代のニーズ」に常に敏感で、ここからスター**

トしています。決して「自分たちが何を売りたいか」からスタートしていません。

私は、経営者の前で講演をする機会をいただくと、「美容師にも歯医者にも、腕のいい人と悪い人がいます。では、みなさんはご自身が通われている美容室の美容師や歯科医院の歯医者の腕がすごくいいのか、それともイマイチなのか、ご存じですか」とよく質問します。

みなさんはいかがでしょうか。

ほとんどの方は「自分の髪を切っている美容師の腕なんていいか悪いか分からない」「歯医者の腕なんて比べたことがないから分からない」と答えます。

では、なぜその美容室や歯科医院に通っているのでしょうか。

きっと、次のような理由からではないでしょうか。

・店内（院内）の雰囲気がおしゃれ
・説明が丁寧で感じがいい
・受付の女の子が元気でかわいい

腕に自信がある歯科医師ほど、「自分ほど上手に親知らずを抜く歯医者はいないのに、どうして患者は隣の歯医者を選ぶのだろうか」と疑問に思ってしまいます。

しかし、伸びてる歯科医院の経営者は例外なく、患者さんとのコミュニケーションを大切にするようスタッフ教育を徹底したり、居心地のいい雰囲気づくりに力を入れています。患者さんのニーズからスタートするとは、こういうことなのです。

もちろん、伸びてる歯科医院の歯医者や美容室の美容師は腕がいいのは大前提です。しかし、それはなかなか患者さんやお客様には伝わらないことも分かっているのです。

自社の商品やサービスがお客様のニーズからスタートしているかを確かめるには、次のような簡単なテストをしてみることをお勧めします。

A　あなたの会社の商品やサービスで自信をもっていること、競合他社と比べて優れていることを3つ書き出してください。

B　なぜお客様があなたの会社の商品やサービスを買うのか、その理由を3つ書き出してみてください。

もし、すぐに3つの理由を思いつかなかったとしたら、お客様のニーズをもっとシンプルに研究する必要があるかもしれません。「売りたい」という発想から「買っていただく」

という発想に転換するのです。

書き出したAとBの3つの理由が一致している場合、お客様のニーズに合わせた商品設計ができているということになります。AとBの理由が一致していない場合、あなたの会社がアピールしている長所や特徴をお客様は求めていません。もう一度、お客様のニーズから逆算した商品やサービスをつくり直してみてください。きっとあなたの会社が飛躍するきっかけになるはずです。

コラム

自社の強みを見極め、世の中のニーズとかけ合わせる

ものづくりニッポンを支えてきた町工場。しかし、中国をはじめとしたアジア各国に価格競争で敗れ、現在は苦境に立たされているといわれています。

確かに日本製の工業製品、部品は他のアジア各国製のそれと比べて精度や歩留まりなどは上回るのですが、一般的に市場がそこまで高精度の部品を要求していないのです。メード・イン・ジャパンはトゥーマッチで、中国製の精度で十分なのです。

そのようななか、私が親しくしている同世代の経営者たちは、親から承継した町工場に変革の息を吹き込み、素晴らしい発展を遂げています。

精密加工工場を営むY社は、元々金属部品の精度には自信があり、電化製品や自動車のネジを中心とした部品を製造していました。しかし、電化製品や自動車部品などにはそれほどの精度が求められず、自社の技術を持て余していると感じたため、O社長はもっと部品の精度が求められる業界はないかと探し回り、その結果、航空業界に行き当たったのです。

航空機部品はネジ1本とっても、自動車とは比べられないほどの精度を求められます。また航空機を製造しているメーカーは世界中に数えるほどしかなく、参入障壁はきわめて高い業界です。しかし、航空機の寿命がとても長いため、メーカーから一度部品として採用されると、その機体が現役の間は修理に備える必要があることから、その後何十年と取引が続くそうです。

現在では、Y社はさらに加工の精度を高め、人工衛星に使用する部品など、宇宙をターゲットとするマーケットに大きく販路を広げています。

一方、光造形と砂型鋳造の二本柱で事業を展開するJ社は、量産ではアジアにかなわないと考え、スピードが要求される量産前の試作段階に特化する戦略をとりました。試作業界では、お客様であるメーカーは、金曜日の夕方に設計図を提出し、月曜日の朝には実物になっていることを望みます。

J社では24時間365日機械を稼働させ、このようなメーカーの希望をかなえたのです。その結果、通常1週間程度の納期で仕事をしているライバル会社の数倍もの価格設定でも、仕事の依頼が止まらないそうです。

そして、この会社のスピードが速いのは製品の製造だけではありません。見積もり依頼があった場合には、必ず1時間以内に見積もりを出すことをルールにし、そのスキームを社内で構築しました。そうすると、メーカーは複数の会社に相見積もりを取ろうとしてもJ社の見積もりがあまりにも早く、他社の見積もりが遅いので、他社の見積もりが出るのを待っていられないそうです。

見積もりを素早く提出することによって、価格競争の波にのまれないというわけです。

Y社は、以前以上に精度を極めることによって宇宙・航空分野のニーズに合わせた製品をつくることに成功し、J社は、とにかく急ぐというニーズがあることを見つけ、スピードを磨くことによって、試作業界という市場の支持を受けました。
どちらの会社も、自社の都合で製品を売ろうとせず、お客様のニーズを突き詰めて考えているよいお手本だと思います。

共通点2 かけ算でなく、たし算を繰り返す

伸びてる会社はマスコミに取り上げられてブームをつくったり、社長が汗をかかなくても数字が上がっていくような仕組みづくりをするなど、いわば「かけ算」で数字を積み上げているように勘違いされますが、決してそのようなことはありません。目の前のお客様に何としてもこの商品を買っていただこうと頭を下げ、少しでも喜ばれる商品にしようと日々改良を加えるといった、**地道で泥くさい「たし算」を繰り返している**のです。

世の中には、目を見張るような急成長を遂げている会社があります。そのような会社を外から見ると、売り上げが毎年倍増していき、かけ算で成長しているような印象を受けます。「自分も頑張っているのに、業績はほんの少しずつしか上がらない。あの会社のように業績を伸ばすためには、かけ算の仕組みが必要なのだ」と考えてしまいます。

そこで、たとえばテレビに取り上げられて売り上げを伸ばした会社があると、「自分たちの会社もテレビに出たい。どうやったらテレビに取り上げてもらえるだろうか」と考え、実際に出演した人に「自分も出演できないか」と話を聞いたり、テレビ業界の人を紹介してくれないかと頼んだりします。

あるいは、インターネット経由で多くの顧客を獲得した会社があると、「自分たちも人に頼らずネットで集客をしたい。どうやったら検索エンジンで上位表示してもらえるのだろうか」と考え、ホームページをリニューアルしたり、業者にSEO対策（特定のキーワードに対して、検索エンジンで上位表示されるような施策をすること）を依頼したりします。

そのほかにも、営業部員のマインドセット（意識付け）が大切だと聞けば社員を研修に出したり、広告費をケチってはいけないと聞けば大量に広告を打つなどいろいろ試してみますが、どれもうまくいかず、かけ算になりません。

そして結局、「あの会社は、たまたまブームに乗ることができただけだ」「あの会社は、たまたまマスコミに特別なコネがあっただけだ」「あの会社は、たまたま運がよかっただけだ」と考えてしまい、あきらめてしまう社長もいます。

じつは、売り上げが上がったり下がったりを繰り返していた以前の私もそうでした。たいした努力もしていないのに、他人に誇れるほどに経営を伸ばしたいと、かけ算で伸びる仕組みを毎日のように考えましたが、どれも空回りでうまくいきませんでした。

そこで私は、自分の周りにいる社長たちに声を掛けて、会社が猛スピードで成長する秘訣を聞き出そうと順番に食事に誘い、話を聞いたのです。

すると意外なことに、彼らはみな、**1人の例外もなく、「かけ算になる仕組みづくり」など考えていない**のです。10人が10人とも、**目の前にある課題を泥くさく一個一個解決するたし算を繰り返しているだけ**だったのです。

そして、実際に力を入れて取り組んでいることは、たとえば「テレアポを毎日する」「電話で丁寧な言葉遣いをする」「商品発送の際に一言メッセージを添える」「会社のイベントをする際や新商品が発売されるときには、マスコミ宛にプレスリリースを配信する」など、**誰でもまねできることばかり**です。その人だからできたとか、その会社だからできたということは1つもありません。

ただし、**その一つひとつのたし算のスピードが想像を絶する速さなのです**。課題があればいますぐに取り組みますし、チャンスがあれば明日にでもチャレンジします。ほかの人が遊んでいるときも、お酒を飲んでいるときも、寝ているときも、伸びてる会社の社長は脇目もふらず仕事をしているのです。

私が盛和塾で学んだ京セラフィロソフィの中には、「誰にも負けない努力をする」という項目があります。稲盛和夫氏は、「誰にも負けない努力をすれば、それだけで会社はそこそこ伸びる」と言っています。

ただし、一方でそれは、「私なりに頑張っています」といった程度の努力では足りないとも言っているのです。こつこつと、日々1歩でも前進しよう、1ミリでも成長しようと努力を重ねることこそ「誰にも負けない努力」であり、会社が成長するためのたし算なのです。

結局、**かけ算で成長する方法などどこにもなく、すごいスピードでたし算を続けていると、他人にはかけ算に見える**だけのことだったのです。

そして、このような成長をしている会社の社長は、当然自分たちがかけ算で伸びているなどとは感じていません。自分たちが通ってきた道、成し遂げたことに満足せず、「思ったように成長しない」「もっと成長するためにはどうすればいいか」とそのことばかりを考えているのです。

売り上げを1億円から5億円、5億円から10億円へと一気に伸ばしていく会社は、やることなすことがうまくいき、打つ手がすべてヒットを生み出しているように見えます。周囲はそんな会社の社長のことを、「あの社長は経営センスのかたまりだ」と言います。

しかし、私がそのような会社の社長たちに「これまでに失敗したことはありますか」と質問すると、みんな口をそろえて「うまくいったことより失敗のほうが多いですよ」というのです。失敗のたびに改善策を考え、トライアル・アンド・エラーを繰り返しているのです。

山の頂に向かって一直線にかけ上がっているように見える会社も、じつはあちこち遠回りをしています。「あの会社はうまくいっていてうらやましいな」と遠くから眺めている人たちには優雅に湖を泳いでいるように見える水鳥たちも、水面下では必死に脚を動かして水をかいているということです。

コラム

顧客を増やすたし算はこんなにも泥くさい

「ある日突然、マスコミがあなたの会社を取り上げ、その日を境に売り上げが倍増する」。こんなことはほとんど起こりません。有名でない会社をマスコミに取り上げてもらおうと思えば、まずは自分たちの存在を知ってもらうために、メールやFAXでマスコミ宛に情報を発信する「プレスリリース」を積み重ねていくしかありません。プレスリリースは、初心者でも安価で簡単に配信できるシステムや代行会社が多数存在します。

ただし、「自分たちのこんなことを知ってもらいたい」「自社のここを宣伝したい」という考えでは、マスコミに取り上げられることはまずありません。マスコミも情報はほしいのですが、それは視聴者や読者を楽しませたり、ためになったと思わせたいからであって、あなたの会社の売り上げを伸ばしたいからではないからです。

そして、うまくマスコミに取り上げられ、一時的に注文が殺到しても、ブームは長くは続きません。それでも少しは有名になったし、売り上げも増えたのだからたし算の「たす1」にはなったのだと考えられれば、また次の努力ができるのです。

話は変わりますが、医療機関に特化したC税理士法人を経営する税理士のKさんは、開業以来数年で、業界トップクラスの顧問数を獲得しました。どのようにして新規のクライアントを獲得しているかを聞いたところ、セミナー営業だというのです。セミナーに来てくれるお客様は税金の知識に貪欲な人ばかりなので、クライアントになる確率が高いのだそうです。

なんと、Kさんはいまでも年に50回程度セミナーを開催して講師を務めています。しかも、会場はお付き合いのある金融機関の会議室を借りられるので、ほとんど費用はかからないのです。

セミナーを開催する際に一番苦労するのが集客なのですが、Kさんは、社会人になってから交換した名刺をすべてデータベース化してメーリングリストを作成し、集客に利用しています。また、驚いたことに、たとえ1人しかお客様が来なくても、そのセミナーは開催するそうです。

Kさんの取り組みは誰でも簡単にまねできることですが、「集客メールリストの作成」「年50回のセミナー運営」「少人数にも丁寧に対応」と聞くと、思わずため息が出てしまうほど泥くさい作業の連続です。これを長年にわたって継続できるか、やればいいと分かっていてもできないかで、会社の成長に大きな差がつくということなのです。

共通点3 社長は社長にしかできない仕事をする

伸びてる会社の社長は、社長にしかできない仕事をしています。決して、社員と同じ仕事をしていません。

世の中に、最初から大きい会社などありません。

会社が小さいうちは、社長といえども多くの仕事を掛け持ちしなければなりません。注文を取るために多くの人と会い、注文がとれたら工場に戻って部下と一緒に製作作業をします。部下が作った製品に問題がないかを検品して納品し、月末には集金に回らなければなりません。新しい社員を採用するのも社長ですし、資金繰りにも目を配るのも社長です。

しかし、会社の成長に合わせて、社長の仕事も変わっていかなければなりません。

ときどき、どうしても人に仕事を任せることができず、何でも自分で抱え込んでしまう社長がいます。「部下に頼むより、自分がやったほうが早い」と考えてしまう社長に多く見られるケースです。

もし、思い当たるところがあったら、「これは自分が部下の仕事を取り上げてしまっている」と考え、思い切って部下に任せてみてください。**社長は「自分ができる仕事は自分でする」のではなく、「自分にしかできない仕事だけを自分がする」べきなのです。**

特に、技術やセンスによって提供する商品やサービスに差が出やすい業種の場合、ついお客様の期待に応えるために部下に任せきれず、社長が現場に出てしまいがちです。自分の腕やセンスに自信をもっている社長の場合には、なおさらです。

しかし、考えてみてください。

トヨタの社長は自分で車をつくっていません。ユニクロの社長は自分で洋服を売っていません。当たり前のことですが、お客様の期待が社長一人に集中してしまうと、ニーズが属人化（お客様が「社長が仕事をしてくれなければ嫌だ」と考えてしまうこと）してしまい、大きな成長が見込めなくなってしまいます。

料理人、歯医者さん、美容師さん、畳屋さん、保険や車の営業マン、このような職種の人は、人気が出れば出るほどご指名が増え、本人は忙しくなるばかりです。

そこで、目の前の少ないお客様を満足させるだけの職人や個人事業主で一生を終えるのか、いまより何倍、何十倍のお客様を幸せにする仕組みを考えるのかは、その人の「志」次第というわけです。


仕事の「属人化」から脱却し、「組織化」を図るためには、社長が何でも仕事を抱え込むのではなく、どんどん部下に任せなければなりません。

しかし、**任せるというのは丸投げすることでもなく、放任することでもありません**。任せたから一切口出しをしないとか、ミスをしても叱らないというのもいけません。

「やってみせ、言って聞かせて、させてみせ、ほめてやらねば、人は動かじ」とは山本五十六の有名な言葉ですが、まずは上司がお手本を見せること、そしてやり方を手取り足取り教えて、やらせてみなければなりません。最初はうまくできないこともあるのですが、何度も繰り返し、少し上達してきたら大げさにほめてあげることも大切です。ほめられてうれしくない部下はいないのですから。

このように、**部下に任せるということは、上司にとって楽をすることではなく、とても手間のかかることなのです**。社長が忙しくなりすぎてしまうと、部下の前で手本を示したり、手取り足取り教える時間がとれず、日々中途半端な指示を繰り返すことになってしまいます。そして、結局「部下に教えるより自分がやってしまったほうが早い」という悪循環に陥ってしまうのです。

そうなってしまわないように、いまは自分で手を動かすのでなく、部下に教えるのが社長の仕事と言い聞かせてください。**社長と同じような仕事ができる部下が1人、2人と育つことによって、会社は一気に2倍、3倍と伸びていくのです。**

そして、部下が少しずつ仕事を覚えてきたら、今度は最初から最後まで指示をしたり、細かいミスを指摘するのではなく、部下に裁量を与え、部下たちだけでもっといい仕事や、もっと短時間でできるやり方を考えられるようにしてあげてください。

いつまでも細かい指示を繰り返していると、社員はやる気を失い、自分の頭で考えることを放棄して指示待ち人間になってしまうからです。

結局、部下に任せるとは、部下だけでも仕事ができるように育てることです。最初のうちはすべてを丁寧に教えてあげる必要がありますが、仕事を覚えてきたら責任をもたせ、目を離さず見守りつつ、困っているときだけ手を出してフォローできるようにしてください。

コラム

紹介されたのは社長が信頼するスーパー営業マン

私は、3年ほど前にいま住んでいる家を買いました。横浜市にある中古の戸建てです。家探しをしていたそのときのことが、いまも忘れられません。

私は、引っ越し先を探すために、知り合いやクライアントの不動産会社数社に電話をかけ、それぞれの会社の社長に、希望のエリア、間取り、予算などの条件を伝えました。ほとんどの社長が「分かりました。希望の条件に合う物件を探してご案内します」と言ってくれたのですが、N社のM社長だけは「そのエリアは新横浜店なので、新横浜店の担当者から連絡させます」と言ったのです。

30代前半のM社長が率いるN社は勢いはありましたが、店舗は横浜と新横浜の2店舗のみで、社員が十数人といった規模です。私は正直「なんだよ、M社長を信頼して頼んだのに、M社長が担当してくれるのではないのか」とがっかりしました。

ところが、すぐに私のところに連絡してくれた担当者Uさんは、レスポンス（返事）、マナー、商品知識、すべてがそろったスーパー営業マンでした。

すぐに希望の条件を満たす物件を紹介してくれますし、メールで質問をするとすぐに的確な答えが返ってきます。私はすっかりUさんのファンになってしまい、気付くとUさんに案内してもらった物件を購入していました。

この会社の営業マンたちの多くはM社長より年上ですが、みんながM社長を慕い、尊敬しているのが伝わってきました。後日、私はM社長に「最初は社長が動いてくれないのかと思いましたが、紹介していただいた営業マンが素晴らしいのでビックリしました」と話すと、M社長は「私はもう不動産のことはあまり分からなくなってしまったので、マネジメントに専念しています。営業は彼らのほうがよっぽど分かっているので、全部任せています」と答えたのです。

私はこんな社員を育てているN社はすごいと心底感心しましたし、この会社はこれからもっと伸びると確信しました。

それから3年、M社長とはいまも親しくしていますが、私の予想どおり、いえ、予想以上にN社は成長を遂げています。上場を果たす日も近いのかもしれません。

第1章
第2章
第3章
第4章
第5章
第6章

共通点4 行動が早い

伸びてる会社は、社長も社員もやることがとにかく早いものです。すぐに行動しますし、お客様へのレスポンスもとても早いのです。

決めることは社長の仕事です。新しい事業をはじめるときも、うまくいかない事業から撤退するときも、最後は社長が決断します。

伸びてる会社の社長はとにかく意思決定が早く、次の行動に移るのも早いものです。自社を成長させるヒントを見つけると、すぐに調べ、すぐに試し、すぐに事業化をします。

一方で、伸び悩んでいる会社の社長は、同じヒントをもらっても、やろうかやるまいか悩んでしまいます。事業化できるかできないか、情報収集のみを延々と繰り返します。

すぐにやる会社は一気に上場までかけ上がり、慎重に検討している会社は何も変わりません。社長は「失敗しないためにいろいろと考えているのだ」と言いますが、外から見ると、一歩を踏み出す勇気がもてないことの言い訳を考えているように見えてしまいます。

私は、自身が主催する経営者勉強会【S70's】や所属する盛和塾、中小企業家同友会など、経営者が集まるさまざまな勉強会や交流会に参加する機会があります。そこで魅力的な経営者、前向きな社長に出会い、もっと話を聞いてみたいと思ったり、私の知り合いを紹介するとお互いのビジネスが伸びていくのではないかと感じたときには、「今度、ゆっくりお食事でもしながらお話を伺わせてもらえませんか」と声をかけます。

伸びてる会社の社長の返事は、いつも決まっています。その場ですぐに手帳を開いて、「三谷さんはいつならご都合がつきますか」と言うのです。決して「ちょっと今月は仕事が忙しいので、いずれ落ち着いたらお願いします」とは言わないのです。

伸びてる会社の社長は、意思決定だけでなく、連絡に対するレスポンスも例外なくスピーディーです。

みんな忙しい人たちばかりなのに、メールをするとすぐに返事が来ますし、電話がつながらなくてもすぐに折り返しの連絡をくれます。忙しい社長がこんなにすぐに返事をくれるのは、自分のことを大切にしてくれているからだと感じますから、ますますその会社のファンになり、応援したくなります。

一方で、伸び悩んでいる会社の社長は、連絡をしてもなかなか返事が来ません。折り返しの電話をお願いしてもかかってきませんし、打ち合わせをして「検討して今月

第1章
第2章
第3章
第4章
第5章
第6章

中にお返事をします」と約束しても、結局返事が来ません。メールを出してもなかなか返事が来ないと、こちらからメールを出したことも忘れてしまい、そのまま日がすぎてしまうことがあります。

ひどいときには、メールで質問が来て、正確に答えるには情報が足りないので、こちらからいくつか質問を投げ返すとその返事が来ないとか、メールに契約書の案だけが添付されていて「伺いたいことがありますので、後ほど電話させていただきます」と書いてありながら、待てど暮らせど電話が来ないということすらありました。

・レスポンスが早いと相手は喜ぶ。
・レスポンスが遅いと相手は不安になる。
・レスポンスがないと相手は「大切にされてない」と感じる。

忙しいことを言い訳にせず、できるだけ早いレスポンスを心がけたいものです。

コラム

レスポンスの早さで顧客の信頼を勝ち取る

これまでに、延べ1万人以上の経営者と経営談義やお付き合いをする中で、伸びてる会社は社長も社員も、とにかくレスポンスが早いということを痛感しました。そして、私は、なぜレスポンスが早い会社が伸びているのかを考え、結局「早さ」は誰にでも伝わる価値だからだということに気がつきました。

私たち、弁護士業を例にお話しします。弁護士の腕の良しあしによって、裁判に勝ったり負けたりすることはあるかもしれません。いい作戦を立てたから勝てたとか、説得的な書面をつくったから裁判官が味方についたということです。

しかし、これは裁判のプロである弁護士だから分かる世界で、「私の腕がいいからこの裁判に勝てたのですよ」といくら言っても、クライアントには伝わりません。

解決までのスピードについても同じです。「自分がうまく交渉を進めたから、依頼を受けてたった3カ月で示談に持ち込むことができた」などと思っても、クライアントにはその弁護士のすごさや苦労は理解できません。

しかし、レスポンスの早さはどんなお客様にも伝わります。すぐにお返事を差し上げると必ず喜んでいただけますし、返事が遅れると必ず不満に思われてしまいます。みなさんがビジネス上でつながりのある取引先、仕入先、依頼先との関係を思い浮かべても同じではないでしょうか。

連絡をした人には必ず「だいたいこれくらい待てば、こんな感じの返事が来るだろう」という期待があって、それより早く的確な返事があれば感動しますし、期待したときまでに返事がなければちょっと不満を感じてしまいます。

ですから、私の事務所の弁護士たちには「スピードは価値である」と言い続け、とにかくお客様から連絡をいただいたら、すぐに返事をするようにと伝えています。

弁護士に要求されることは、法律知識、コミュニケーション力、ネゴシエーション(交渉)力などいろいろありますが、いっぺんにあれこれを身につけることはできませんから、まずはスピードだと言っているのです。

「人間だれでもミスをすることはあるけども、『遅い』とクレームを受けることだけはなしにしよう、『まだですか』と催促をされることは恥だと思おう」と言い続け、伸びてる会社の背中を追いかけています。

共通点5 時代に合わせて常に変化する

伸びてる会社は常に、新規事業を求めています。いま、この事業で利益が出ているから、この利益を守っていけばいい、などとは決して考えていません。

最も強いものが生き残るのではなく、
最も賢いものが生き延びるのでもない。
唯一生き残るのは、変化できるものである。

みなさんもご存じのとおり、これは進化論で有名なダーウィンが唱えた代表的な言葉です。

このことは、企業に対してもそのまま当てはまります。

伸びてる会社は、時代のニーズ、時代のトレンドがどのように移っていくかに敏感で、常に先の一手を考え、躊躇《ちゅうちょ》なく新しいことへチャレンジします。

日本は世界で最も100年企業（創業から100年以上経っている会社）が多い国で、その数は2万5000社を超えているといわれています。

しかし、長寿企業は自社の伝統をただ守ってきただけではなく、いち早く時代のニーズに順応してきたのです。順応する伝統があったと表現したほうがいいのかもしれません。

たとえば、400年以上の歴史がある羊羹《ようかん》のとらやは、現在ではTORAYA CAFEのブランドで喫茶店を展開し、コーヒーとともにあんペーストのパンを提供したり、瓶詰めのあんペーストを販売したりしています。350年以上の歴史があるヤマサ醤油の濱口社長も「会社の歴史は、守ることでなく変化に対応するための変革の連続だ」と話しています。

世界一の自動車メーカーになったトヨタも、もとはといえば、豊田自動織機製作所という織機メーカーでした。そして、その自動車さえも今日では大きな変革期を迎えています。

ワイパーの動きで各地の降水量が分かり、車載カメラを通じて現在行列ができている店がリアルタイムに分かるといった具合に、自動車は単なる移動の手段というだけでなく、情報を集めて発信する「情報源」として注目されています。

これに伴って、トヨタの最大のライバルはGMやフォルクスワーゲンから、グーグルやアップルに移っているというのです。

かつては同じフィルムメーカーだったコダックは急激なデジカメ普及の波にのまれて経

営破綻し、富士フイルムは医療・食品メーカーに変革して成長を続けているというのも、時代に合わせた経営をしなければならないという分かりやすい例でしょう。

このような例を挙げるまでもなく、世の中のニーズが移るのですから、どの会社もいまある事業だけでなく、新しい仕事を探さなければなりません。

ただ、そこでいままでの本業を忘れて、「次は民泊だ」「医療分野はまだまだ伸びる」「AIの時代に乗り遅れるな」などと、流行ばかりを追いかけるのも危険です。

同じことを考える人はほかにも多くいるのですから、これまで経験もない畑違いの分野に突然参入しても、ライバルたちに勝てるはずがありません。新規事業が大切だとは言っても、あくまで既存事業の延長線上で、自社のこれまでの強みを生かせるビジネスを考える必要があります。

このことを稲盛氏は「飛び石を打たない」と表現しています。事業の多角化は、おとなりの畑、おとなりの畑と増やしていくべきで、突然遠くの畑を耕してはいけないということです。

注意しなければいけないのは、自分ではこれまでの事業の延長線上だと考えていても、やってみるとじつは飛び石だったという場合です。

私のクライアントのD社は、焼肉店の多店舗展開に成功し、次にラーメン店の多店舗展開に挑戦しました。上手な仕入れの仕方やお客様の消費動向など、飲食店に関するさまざまなノウハウやデータが社内に蓄積されているので、これを応用できると考えたのです。ところが、いざスタートしてみるとラーメン店は思わぬ苦戦を強いられました。

焼肉店は家族や仲間とわいわい楽しむお客様が多く、客単価が高くて滞在時間も長いのが特徴ですが、ラーメン店は逆に1人で来るお客様が多く、客単価が低くて回転が速いという特徴があり、同じ飲食店でも要求されるノウハウがまったく違ったというわけです。

コラム

経営者の得意別3つのタイプ

私は、周りの経営者を見ていて、経営者には以下の3タイプがいることに気付きました。

【Aタイプ】　0→1タイプ（無から有を思いつく、まったく新しいことの立ち上げが得意な人）
【Bタイプ】　1→10タイプ（ビジネスモデルとして成り立ちつつある事業を急成長させることが得意な人）
【Cタイプ】　10→100タイプ（軌道に乗ったビジネスをじわりじわりと成長させることが得意な人）

Aタイプの社長は、若くてバイタリティのある創業社長で、誰も考えないようなことを思いつくアイデアマンですが、立ち上げた仕事が軌道に乗りはじめると飽きてしまい、急に興味を失って誰かに任せたがります。

Bタイプの社長は、情熱的で社員を巻き込むことに長けていて、チーム一丸でハードに仕事をこなし、上場などの目標に向かって突き進みます。

Cタイプの社長は、親などから事業を承継した2代目、3代目の経営者に多く、リスクに敏感で社内外の調整が上手です。

私は、クライアントの経営者の中から、特にAタイプのアイデアマン社長たちに、どのようなときに新規事業のモデルがひらめくのかをインタビューして回りました。
その結果、以下の4つに集約されることが分かりました。

①お客様からのサジェスチョン（提案）
②異業種との会話
③インターネットや統計の数字
④ひたすら社内を歩き回る

大きな会社のコスト削減を提案、実現して成長を続けるH社のI社長は、お客様のオフィスに行った際に、壁にある張り紙や目標、スローガンを見てお客様のニーズをリサーチし、自社で手伝えることはないかと考えることが新規事業のきっかけだそうです。客先で張り紙にまで目を光らせる観察力と、アンテナの感度に驚かされました。

異業種との会話には、新規事業のヒントが多く隠されているという話はうなずけます。伸びてる異業種の伸びてる秘訣を聞き出し、これを自分たちの業種に当てはめて考えてみると、あまり同業者が行っていない、思わぬサービスを思いついたりするものです。

一方、特にＩＴ業界の社長は、インターネット上で日本のみならず世界中のトレンドを察知し、時代の流れを先取りするのが上手です。医療系ＩＴ事業を営むＭ社のＳ社長は、日本や世界のさまざまな統計データを集め、今後のニーズを予測するというマーケティングを得意としています。

特に人口動態は、10年後、20年後に人口がどうなる、労働者人口がどうなる、子どもや高齢者の人数がどうなるという確実なデータなのですから、20年後に高齢者が増えるなら、そのときの高齢者のニーズをいまから想像してみればいいということになります。

製造業のＷ社長は、社内を歩き回る派です。これまで社内では製品の製造のみを行い、設計や検品は協力会社に外注していました。しかし、外注先がＷ社の仕事ばかりをしていることが分かると（それはこの工程だけ独立して取り込んでも採算が合うということなので）外注に出すことをやめ、自社で社員を育てて取り組む（内製化する）ようにしました。

いままでは、ＣＡＤを使ってほとんどの製品の設計を自社で行うのみならず、検品のために高額な工業用ＣＴまで導入し、設計から検品まで自社内で一貫して作業ができるように業態を広げてしまいました。

第2章

伸びてる会社の社長が好きなこと

共通点6 仕事が好き

伸びてる会社の社長は、例外なく仕事が大好きです。オン・オフの境目なくいつでも仕事のことを考えていますし、朝早くから夜遅くまでハードワークをしています。

「サザエさん症候群」という言葉があるように、会社に出勤することをストレスに感じるサラリーマンは少なくありません。週末が来るのを楽しみに1週間の仕事を頑張り、日曜日の夕方になると「明日からまた仕事だ」とちょっと憂うつになるのです。

社長は仕事をやらされているわけではありませんから、頭の中はこれとは正反対で、仕事が楽しくて自ら進んでハードワークをしているのです。

仕事に熱中できない社会人は、「遊ぶのは楽しいけど、仕事はきついから嫌です」「残業は嫌いです。深夜まで仕事をして寝不足になるなんて最悪です」と言います。

私はこのような仕事に熱中できていない社会人を見つけると、「趣味は何ですか」とたずねます。

たとえば、「お笑いを見るのが好きです」と答える人には、「ついＹｏｕＴｕｂｅで深夜までお笑いを見続けたことがありませんか」と聞くと、必ず「あります」と答えが返ってきます。読書が好きな人も同じです。次の日寝不足でつらいのが分かっているのに、夜更かししてでも手に取った小説は最後まで読んでしまうのです。

最近は空前のマラソンブームと言われ、マラソンを趣味にする人が増えています。42・195㎞を走るのは苦しいに決まっていて、走るのが嫌いな人からすればまったく理解できない行為です。しかし、マラソン大会に参加する人の多くは、苦しいけど楽しいのです。

つまり、「残業で寝不足なのは嫌だけど、お笑いで寝不足なのはいい」とか「仕事が苦しいのは嫌だけど、マラソンでつらいのは楽しい」という人は、仕事を楽しめていないだけなのです。楽しいことは寝不足だろうがつらかろうが、熱中するからです。

好きこそ物の上手なれというように、自分が好きなことだと何でも自然と上達します。なぜ好きなことは自然に上達するかというと、自発的に上達するための研究をするからです。

お笑いが好きな人は、好きな芸人のもっとおもしろいネタがないかと考えたり、もっとおもしろいお笑いコンビがいないかと探したりします。

同じように、マラソンが趣味の人は、テンションが上がるウエアやシューズを探したり、少しでもタイムが縮まる練習法を研究したりするのです。

もし、好きなことが仕事だったとしたら、もっと短時間で効果の上がる仕事の仕方がないかと探したり、新しくどんな事業をしたら利益が上がる可能性があるかをいつも考え、情報を集めているはずです。

「仕事が趣味です」と言う人がいますが、伸びてる会社の社長は大体そのような感じです。平日にゴルフを楽しむ社長、毎晩のお酒を楽しみにしている社長を横目に、伸び盛りの社長は休日も夜中も仕事のことばかり考えています。そして、「仕事が楽しくて仕方がない」と公言しているのです。

そうは言っても、そこまで仕事を好きになれないと考えている人は、どうしたら仕事が好きになれるでしょうか。

これについて稲盛氏は『働き方』（三笠書房）の中で「好きな仕事をするか、仕事を好きになるかのどちらかしかない」と書いています。また、「好きな仕事を自分の仕事にできるという人は、千に一人も万に一人もいるものではない」と言っています。

そして、仕事を好きになるためのキーワードは「創意工夫」です。どうしたらいまより少しでもうまく仕事が進められるか、どうしたらいまより少しでも結果が出るかを日々考え、試していくことで気持ちも前向きになり、結果が出てくるので、どんどん仕事が楽しくなるという好循環になっていくわけです。

たとえば、日々の仕事がオフィスの掃除やコピーとり、お茶くみだったとしても、どういう順番で何を片付けながら掃除をすれば、短時間で終えることができるかとか、原稿をどのように揃えればまっすぐコピーがとれるかとか、どのくらいの温度のお湯でお茶を入れるとおいしいかなど、課題を設定し、探究心をもっていろいろなことを試していくうちに、仕事に興味が湧きますし、成長を自覚できるので、仕事を好きになっていくのです。

ホンダの創業者、あの有名な本田宗一郎氏も「楽な仕事はないが、楽しい仕事はある」と言っていたそうです。楽して仕事をしたいと思うと仕事が嫌になるけど、仕事と真っ正面から向き合うと、仕事が楽しくなるということなのでしょう。

コラム

心の距離が縮まった深夜の即レス

私が顧問弁護士を務めているクライアント企業の特徴として、私と同年代の社長が多いことが挙げられます。

いわゆる「団塊ジュニア」と呼ばれる世代で、40歳前後の社長です。創業社長は若いころ苦労しながらも努力が花開きはじめるころですし、親から事業を承継した2代目だとちょうど世代交代で社長に就任する時期です。

40代というのは社会人として一通りの経験を積み、いろいろな場面に遭遇しても、どうすればうまくいくのか知恵がつくとともに、気力も体力も充実している最高の10年間といえるかもしれません。自分と同じように同世代の仲間たちも社会で力をもってくるので、相乗効果でますます仕事が加速し、おもしろくなってきます。

私も、仕事が立て込み、深夜までパソコンの前に座っていることがあります。連絡手段が電話しかなかったころは、深夜にお客様へ連絡することはできませんでしたが、現在ではメールなどで深夜に連絡することもできるようになりました。

深夜にメールを出すことに若干の申し訳なさを感じますが、けっこうな確率で「即レス（レスポンス）」が返ってくるのです。私は、メールが開封されるのは翌朝だと思って送っているのですから、本当に驚きです。即レスにはこちらも即レスして、同世代社長との深夜チャットがはじまるのです。

お互いに、「あぁ、この人も心の底から仕事が好きなのだなぁ」と感じ、ぐっと互いの距離が縮まる瞬間です。

共通点7 でかい目標が好き

伸びてる会社の社長は、決まってでかい目標を明確にもっています。

目標とは、売り上げの額であることが多いのですが、何もそれに限りません。「売り上げを10億円にする」「利益を3倍にする」「世界で10億人が使うサービスのプラットフォームをつくる」など、何でもいいのです。

目標と似て非なるものに「夢」があります。もうみなさんはご存じかもしれませんが、**夢にはなくて目標にあるものが2つあるのです。それは「期限」と「検証の可能性」です。**

私は、クライアント企業の社長と会食した際や、幹部社員の会議に同席させていただいた際、あるいは若い社員の研修を頼まれた際などに、決まって「あなたの目標は何ですか」と聞くようにしています。

この質問に対して、伸びてる会社の社長や社員は、「売り上げを3年で2倍にします」「今年は部署でナンバーワンの営業成績を上げます」などと答えます。一方、「世の中がビックリするような商品を開発したい」とか、「同業者からもうらやまれるような会社にしたい」と答える社員のいる会社は、残念ながらあまり伸びていません。

まず、前者の答えには、「3年以内」「今年いっぱい」といった明確な期限がありますが、後者の答えにはそれがありません。いずれこうなりたいという「いずれ」はいつになっても（永遠に）訪れないので、期限がないものを目標とは呼べません。理由は後ほどお話しします。

また、前者の答えは、その目標が達成されたかどうかを簡単に検証することができますが、後者の答えは「世の中をビックリさせたかどうか」「同業者からうらやまれたかどうか」を検証する判定基準が不明確であるため、結局達成されたかどうかが分からないままになってしまいます。これもまた、目標とは呼べません。

掲げる目標は、「高い目標」「でかい目標」である必要があります。

部下に来期の目標を考えろと指示すると、「前期が４０００万円で今期が５０００万円でしたから、来期は６０００万円くらいが目標になります」と、これまでの実績に応じた保守的な数字を挙げようとします。

しかし、目標数値とは「やれるであろう数値」を公表することではなく、「本気でやりたいと思う数値」を掲げることなのです。言い換えれば、目標とはその人の「意志」なのです。前期や今期の実績など関係がありません。あなたは来期いくらをやりたいのかという意志が目標になるのです。

でかい目標を掲げること、すなわちやりたい数字を目標とすることがなぜ大切かというと、どうすればその目標を達成できるかを自然と考えるようになるからです。どうしても達成したいという自分の意志ですから、昼夜問わず、食事をしているときも、歩いているときも、目標を達成するためにはどうすればいいかを考えます。

先ほど、目標には期限が必要だとお話ししたのも同じ理由からです。「いつまでにこの目標を達成する」という期限が決まっているからこそ、「そのためにいまは何をしよう」「明日は何をしなければ」と考えるのであって、期限がないと「今日でなくても明日考えればいいや」「いまじゃなくてもいずれやればいいや」となってしまうのです。

ですから、**期限は10年後や20年後などあまり先ではなく、1年や長くても3年くらいの単位で考えるといいと思います**。

自分が決めたやりたい数字のためには、どんな努力をすることも苦になりません。寝る間を惜しんで仕事をすることもありますし、お客様に頭を下げることもあります。もちろん楽なことばかりではありませんが、本当に達成したい目標のためには何でもできるのです。

目標は「意志」であるとお話ししました。すなわち、「本気でやりたい」と思わない限りその目標は達成できません。逆に言えば**「本気でやりたい」と考えれば、必ず達成できるのです**。

願えばかなうなんて、なんだか宗教みたいだと思われるかもしれませんが、実際そうなのです。**毎日どうすれば達成できるかを考え続け、毎日努力を積み重ねるようになりますから、結局達成できてしまうのです**。

サッカー日本代表のエース本田圭佑選手は、高い目標を公言し、本気でやりたいと心から考え、努力を積み重ねているよいお手本だと思います。

本田選手は現在、イタリアセリエAの名門ACミランでエースナンバー10番を背負うスター選手になりましたが、小さいころからエリート街道を歩んできたわけではありません。中学時代にガンバ大阪のジュニアユースに所属していた本田選手は、走るのが遅く持久力もないという理由でガンバのユースに上がることができず、やむを得ず星稜高校に進学しました。ですから当時のチームメイトたちは口をそろえて「圭佑は大して目立つ選手じゃなかった」と言います。

しかし、本田選手は「世界一のサッカー選手になる」「ワールドカップで優勝する」というとてつもなく高い目標を本気で掲げていたのです。普通の人なら「本気で言ってるのかよ」と笑ってしまうような目標かもしれませんが、彼はこれを本気で実現する「意志」をもち続けていました。

たとえば、本田選手はテレビのインタビューで「確かにロナウドやメッシは僕よりも身体能力が高いけど、何もライオンのように力が強いわけでもチーターのように足が速いわけでもないから、努力と工夫で超えることができる」と答えていました。この答え一つとっても、彼がどれだけリアルに世界一のサッカー選手になることをイメージしているかが伝わってくるのではないでしょうか。

ですから本田選手は、ロシアのチームに所属していた際にも、チームメイトがのんびりランニングをしているのを横目に、1人だけ黙々とストイックなトレーニングを積み重ねていました。一部の人から「協調性がない」と悪評が出てもまったく気にしませんでした。世界一になるためにはいま何が必要なのかを日々自分で考え、努力を積み重ねていく。そうやって本田選手は日本のエースとなり、世界一の選手に近づいていったのです。

さて、でかい目標の大切さは伝わったと思いますが、**目標は高ければ高いほどいいわけではない**、ということを最後にお話しさせてください。

目標があまりにも保守的でやれる数字を掲げただけでは、あまり成長しないのは確かなのですが、実現が不可能なほど高すぎると、今度は「絵空事」になってしまい、逆効果なのです。

いくらそれが「やりたい数字」だったとしても、まわりの社員は「そんなの無理に決まってるじゃないか」と冷めてしまいますし、社長がいくら「どうやったら実現できるか」と考えたところで、無理なものは無理なのです。

ですから、目標数値は「チーム全員が誰にも負けない努力をして、しかも経営環境などの運にも恵まれてやっと達成できる数字」を理論上の上限とし、「そこそこの努力をして、普通に達成できる数字」を下限とした範囲の中で設定する必要があります。

目標数値がこの上限に近いほど、チャレンジングなものになることは言うまでもありません。

コラム

売り上げ5年で5倍！　無理寸前の目標を達成する取り組み

私に、でかい目標の大切さと威力を、頭でなく体で理解するきっかけを与えてくれたのは、C社のH社長でした。

彼は、不動産関係の会社を経営し、日本国内だけでなく活躍の場をアジア全域に広げ、会社は素晴らしい成長を続けています。勉強家で、努力家で、社員を大切にする上、経営センスが抜群で、「この人はどんな業種の会社を経営しても、会社を成長させられるのだろう」と感じさせる尊敬すべき存在です。

そんなH社長の呼びかけで、2013年に同世代の経営者たち十数名が集まり、「チーム5年で5倍」という怪しげな名前のチームが発足しました。それぞれの会社が売り上げを5年で5倍にすることをコミットし、毎年合宿をして各社の取り組みや進捗状況を報告し、アイデアを交換するという会なのです。

みなさんの会社に当てはめるとお分かりのとおり、5年で5倍という目標はかなり高い目標です。しかし、絶対に無理とは言えない絶妙な目標だと思いませんか。

「もうこれ以上は無理」と言えるぐらいの努力を1年間続ければ、売り上げを前年比38パーセントアップさせることができるかもしれない、これを5年間複利で続ければいいのです。

どうすれば、こんな笑ってしまうくらいの高い目標を達成できるかを、仲間たちと真剣に一晩徹夜で考えていると、これまで考えたことがなかったり、本気で取り上げようとしなかったアイデアが浮かんできます。

これまでの延長線上で社長が頑張るだけでは、とても達成は不可能な目標ですから、「社員や店舗をどうやって増やそうか」「少しでも早く社員を成長させるためにはどうすればいいか」「いまの会社の強みをまったく違う業態で生かせないか」「同業者とのM＆Aは考えられないか」など、ありとあらゆる可能性を検証することになり、経営の視野が一気に広がります。

「チーム5年で5倍」の期限（2018年末）まであと2年弱。今年の合宿が待ち遠しくもあり、ちょっと怖くもあります。

みなさんも、一度「5年で売り上げを5倍にするにはどうすればいいか」を本気で考えてみてはいかがでしょうか。

共通点8　利益が好き　～経常利益率10パーセント

伸びてる会社の社長は、みんな利益が大好きです。

これには2つの意味があります。1つは儲かることを追求しているということ、もう1つは売り上げより利益を大切にしているということです。

日本人の中には、儲けることや利益が出ることを「悪いこと」と感じる人が少なからずいるようです。世の中のためになることや人が喜ぶことを率先してやることは得意なのですが、お金の話は苦手で、自分が儲けることは申し訳ないと感じてしまうのです。

しかし、この考え方は必ずしも正しくありません。「お前は、弁護士のくせに弱い者の味方をせずに金の亡者なのか」と言われてしまうかもしれませんが、すべての事業は慈善事業ではありません。

利益というのは、それぞれの会社が提供した商品やサービスに対してお客様が満足し、感動したことに対する対価なのです。もちろん、お客様を欺《あざむ》き、騙《だま》して暴利をむさぼることなど論外ですが、**満足や感動の対価は堂々と受け取っていいのですし、利益がなければ企業は事業を継続していくことができません。**

二宮尊徳が「道徳なき経済は罪悪であり、経済なき道徳は寝言である」と言っているのはまさにこのことを言い表しています。

そもそも、会社には社員がいますが、会社が倒産してしまえばその社員たちを路頭に迷わすことになり、経営者は失格です。いまは順調な会社でも、たとえば、リーマンショックや大震災のような外的な要因で、急に景気が悪くなる可能性があります。そのようなときに耐えしのぐためには、できるだけ借金を減らし、内部留保を蓄えておかなければなりませんが、内部留保は利益の中から税金を払った残りでしか蓄えられないのです。

多少の外的要因ではびくともしない会社にするためには、利益が不可欠だというわけです。

たまに「わが社は利益をすべてお客様に還元するために、値下げをしています」といった売り文句を見かけますが、とても怪しく感じてしまいます。利益がなければ事業が存続しないのですから、この会社はウソをついてしっかり利益を確保しているか、すぐにつぶれてしまうかどちらかのはずです。

そして、企業がさらに成長していくためには、人や設備などに投資をしていくことが欠かせません。そのような原資を用意するためにも、利益が必要です。

経営コンサルタントや税理士の中には、借金の重要性を説き、「銀行が金を貸すというのは会社が信頼されている証だ」「借金をできない社長は、臆病で成長しない」と言う人がいます。確かに、マイナス金利という言葉も出てきた最近では、金利が非常に安くなりましたので、うまく銀行借入を利用することで会社の成長を加速させられる可能性があることは否定しません。

しかし、成長は借金でこそすべきだというわけではなく、成長を借金でなく内部留保を使ってできるのであれば、それに越したことはありません。いくら金利が安くなったとはいえ、金利は発生しますし、当たり前ですが、いずれは必ず返済しなければならないのですから、借金はコストとリスクなのです。

トヨタや京セラなど日本を代表する企業が、低金利時代の現在でも無借金経営を続けていることも参考になるのではないでしょうか。

次に、売り上げと利益の関係についてお話ししたいと思います。

テレビや雑誌などマスコミは、よく売上額に着目した報道をします。この会社は売り上げが何倍に伸びたとか、あの会社は年商何億円だといった具合です。

しかし、**伸びてる会社の社長たちは、互いに利益率に着目します。もちろん、売上高も**

利益率も高いほうがいいのですが、どちらをより優先するかといえば利益率なのです。

イメージしやすい例として、ラーメン店を経営している会社で考えてみましょう。

A社は多店舗展開に積極的で、銀行借入を積極的に利用し、急激に店舗数を増やしています。3年前は3店舗で4000万円の売り上げしかありませんでしたが、現在は全国に100店舗を構えるチェーン店になり、年商は11億円になりました。国民に広く名前が知られる有名なラーメン店になりましたが、100店舗の設備投資のために22億円の銀行借入があり、経常利益は1000万円（0・9パーセント）程度です。

一方、B社は利益重視で多店舗展開には慎重です。3年前に3店舗で4000万円の売り上げだったところ、現在は地域に10店舗まで店を増やし、年商は1億3000万円になりました。新店舗を開店させる資金には銀行借入も使っていますが、できるだけ利益を上げて投資に回すようにした結果、現在の借入残高は4000万円、経常利益は1300万円（10パーセント）を確保できています。

この2社のうち、全国的に有名なのはどちらでしょうか。あるいは、マスコミに取り上げられやすいのはどちらでしょうか。答えは、もちろんA社です。

しかし、いい経営をしているのはどちらの会社でしょうか。もし、あなたが社員として入社する場合、どちらの会社を選びますか。

私でしたらB社を選びます。堅実な経営をしていて会社がつぶれる心配はないですし、利益が出ているので十分な給料が払われるだろうと期待できるからです。一方で売上規模ばかりを追い求め、足元の利益が出ていないA社のような会社は有名になりますが、ちょっとした流行の変化やライバルの出現によって、あっという間に苦境に陥る危険性があります。

しっかりとした利益を確保しながら、売り上げを伸ばしていくことが大切です。多店舗展開していく際には、開店資金を借入ばかりに頼って急激に店舗数を増やすのではなく、経常利益率10パーセント程度を確保する余裕をもちながら店舗を増やしていくといいでしょう。

コラム

なぜ利益にこだわるのか

稲盛氏は、業種にかかわらず、すべての会社は経常利益率10パーセントを目指しなさいと説いています。

盛和塾東京のホームページ（http://www.seiwajyukutokyo.com /activity/index.php）には、各企業の活動目標として「利益はお役立ち高。先ず、経常利益率10％。次に、経常利益1億円。その後、堅実な成長を持続させる」という記載がありますが、すごくよい指標だと思います。

私も参加している盛和塾では、毎月の例会に全国から経営者たちが集まります。勉強会後の懇親会では初対面の経営者同士でも、お互いの業務内容から売上規模、そして利益率までストレートに伝え合い、社内でどのような取り組みや工夫をしているかの意見交換をします。

ですから、私は顧問契約をいただいているクライアント企業の社長と話をするときにも、ついすぐに「直近の売り上げはいくらですか」「何パーセントの利益が出ていますか」と売上高だけでなく、利益率を聞いてしまいます。

最初は、そんなことまで聞いてくるのかとビックリする社長もいらっしゃいますが、私が真剣にクライアント企業がどうすればもっと売り上げと利益を伸ばせるかを考えていることが伝わると、「ここまで利益のことを考えてくれる顧問弁護士は、ほかにいない」と喜んでくださいます。

売り上げだけでなく、利益にこだわるようになると、きっと会社の成長が加速するはずです。

共通点9 税金を払うのが好き

伸びてる会社の社長は、税金を払うことが大好きです。

前項では、利益の大切さについてお話ししましたが、会社は利益を出せば出すほどたくさんの税金を払うことになるため、利益が好きな会社は当然、納税も好きだということになります。

今期は業績が好調だというときに、みなさんの会社の税理士は、次のうちどのようなアドバイスをしてくれるでしょうか。

①「それなら社長の車を買い換えましょう」
②「社員に特別ボーナスを支給して士気を高めましょう」
③「工場に新しい機械を入れましょう」

①のようなアドバイスをする税理士はいないと思いますが、もしいたなら、すぐに税理士を変えるべきです。社長がいい車に乗っても会社は成長しませんし、社員たちからは、「儲かっても結局いい思いをするのは社長だけか」と冷たい目で見られてしまいます。

②のようなアドバイスは、①よりはよいと思いますが、必ずしもうまくいくとは限りません。詳しくは後ほどお話ししますが、特別ボーナスをもらった社員はそのときは喜びますが、そのモチベーションが維持されない限り、会社の成長に直結しづらいからです。

この中で、会社の成長に一番つながりやすいのは③のアドバイスです。会社が生み出した利益を次の利益を生み出すことに投資すると、利益が利益を生む好循環が生まれます。

しかし、残念ながら、日本では統計上約7割の企業が赤字です。つまり7割の会社は税金（法人税）を払っていないのです。法人税を払っていない会社の中には、本当に経営が苦しい会社もあるでしょう。しかし、多くの会社は、利益を出そうと思えば出せるのにせっかく稼いだお金が税金でもっていかれるのはもったいないと考えているのではないでしょうか。

会社を成長させたいと願いつつ、税金を払うのはもったいないと考えることは、自動車を運転するときに右足でアクセルをふかしながら、左足でブレーキを踏むようなものです。

利益を出して税金を払った上で、残ったお金で借金を返していかなければ、いつまでたっても自己資本比率は改善していきませんし、残ったお金を貯めていかなければ内部留保は増えません。

税理士は1円でも納税額が少なくなるよう節税方法を研究し、これを顧問先の社長に提案します。社長たちは、納税の大切さを理屈では分かっていても、やっぱり心のどこかに「税金を払うのはもったいない」という思いがあって、税理士に節税のためのアドバイスを求めてしまいます。

しかし、1円でも多く納税することが、会社が成長している足跡だと考え方を変えると（というか、事実そのとおりなのですが）、とたんに見える景色が変わり、成長が加速するはずです。

それでも「収支はトントンがいい」という人がいます。

何度も申し上げますが、これも、できるだけ税金を払いたくないという心の表れです。税金を払いたくないから利益は減らすべきだけど、赤字になってしまうと銀行がうるさいから、ちょっとだけ利益を出すのがいいという考えなのだと思います。

そうすると、「儲けたい」けど、「儲けは消したい、隠したい」ということになってしまいます。しかし、儲けを帳簿から消してしまう、税務署に隠してしまうというのはもちろん脱税であり、犯罪です。

利益を隠すといえば、私はこんな社長にも会ったことがあります。彼は「会社に利益が出ていることを税務署には隠さないけど、社員には内緒にしておきたい」というのです。会社が儲かっていることが社員にばれてしまうと、「もっと給料を上げろ」とか、「ボーナスをくれ」と言われそうで嫌だというのです。

しかし、果たしてそうでしょうか。社員は日々会社のために一生懸命働いています。その社員たちが「一体うちの会社は儲かっているのだろうか」と不安に感じながら働いているのと、「今期はこれだけ利益が出た、来期はもっと頑張ろう」と感じながら働くのでは、どちらの会社が伸びるかははっきりしています。

まずは、みんなの頑張りがどれだけ会社の利益につながっているのかを、社員たちにもはっきり見せてしまいましょう。その上で、すべての利益を社員に還元してしまうと、次の事業や社員を増やすといった投資をする金がなくなってしまうこと、もっといい会社にするためには、内部留保を増やす必要があることを社員に説明し、理解してもらうといいでしょう。

もう一つ、耳にして「おやっ?」と感じる言葉があります。それは、「今期決算の着地をどうしようか」という言葉です。

会社は少しでも多くの利益を追求していくのですから、決算は予算に合わせて着地させるものではなく、決算期の最終日まで売り上げと利益の最大化を目指さなければいけないはずです。

それなのに「着地させる」という発想になるということは、今期の納税額を抑えるために、「利益を来期に回す」という意図を感じてしまうのです。もちろん、故意に売り上げを次の期に付け替えることは許されていませんが、それだけでなく、売り上げを来期に回すことは結果的に会社のため(節税)にもなっていません。

なぜなら、今期の納税額を抑えるために、売り上げを来期に回すということは、税金を払わず済ませているわけではなくて、払う税金を翌年に繰り延べているだけです。つまり、来期の納税額を増やしているということです。法人税の制度は、個人の所得税制度とは少し違いますが、中小企業にとっては利益が多いほど税率が上がる累進課税になっています。

すると、(今期より来期のほうが売り上げや利益が減るのであれば、売り上げを来期に回したほうが2年をトータルで考えた場合の納税額が減ることになりますが)今期より来期のほうが売り上げや利益が伸びる通常のケースを考えると、累進課税によりトータルの納税額が増えてしまうのです。

ですから、今期のうちに納税しておいたほうが得で、売り上げを来期に回すという発想は節税にすらなっておらず間違いなのです。

何より納税は、私たちが生活する日本という国に対する最大の貢献になります。納税をすることによって安心して仕事ができ、安心して生活できる国の枠組みができるわけですし、子どもたちの世代に国を引き継ぐことができるのです。

そういう意味からも、「納税は多くすればするほどよい」と考える会社が伸びているのでしょう。

コラム

納税を好きになったら会社が上場した

私が長年親しくしているD社長。数年前といまとでは、彼の言っていることとややっていることが笑ってしまうほど変わりました。同じ人だと信じられないくらいです。数年前は、会社が少し儲かると、「税金を払うのはもったいない」と言ってネオン街に出かけ、派手にお酒を飲んでいました。「日本の景気に貢献している」などと言いながら、これが正しいお金の使い方だと考えていたのです。

ところが、ここのところD社長は、社員に対して「利益こそ会社の生きる価値であり、納税は最大の貢献だ」「毎日歩いている道路も信号も、全部税金でできているんだ。利益を出さなかったら信号を渡るな、道は申し訳なさそうに端っこを歩け」と180度違ったことを言っているのです。

昔からD社長を知っている人からすると、思わず吹き出してしまいそうな豹変ぶりなのですが、D社長の会社は急成長を遂げ、東京証券取引所に上場を果たしました。

共通点10　インターネットが好き

伸びてる会社の社長は、インターネットに精通しています。ＩＴ業界に限った話ではなく、どの業界の社長でも、インターネットに興味をもち、よく勉強しています。

総務省の統計データ（「通信利用動向調査報告書　世帯編」）によると、日本のインターネット普及率は、１９９６（平成8）年（20年前）にはわずか3パーセントだったのですが、4年後の２０００（平成12）年には約10倍の34パーセント、10年後の２００６（平成18）年には25倍の約73パーセントにまで上昇しました。

そして、いまではほとんどの人がインターネットなしには生活が成り立たないといっていいほど、日常的にインターネットを利用しています。

つまり、インターネットが水道や電気、電話と同じようにインフラ化したわけです。

本業がインターネットに関係しないと、「うちには関係ない」「うちには昔ながらのやり方が合っている」などという社長もいますが、電話を使わない仕事がないように、インターネットを使わない仕事もないはずです。

私のクライアント企業は、若くて勢いのある会社が多いためか、社長がインターネットの重要性を理解して、よく勉強しているため、詳しい方が多いのです。

たとえば不動産業では、ひと昔前までは、営業マンが自分の人脈を広げてお客様を増やしたり、ひたすら電話をかけまくるテレアポ攻撃で顧客を獲得している会社がたくさんありました。

しかし、不動産を売りたい・買いたいと考えている人は、最近ではまずインターネットで希望エリアの物件を探したり、近隣の相場を調べたりします。ですから、そのようなユーザーの希望に応えるサイトをつくれば、近々不動産の売り買いを検討している見込み客のリストを取得できるのです。長い時間をかけて人脈を築いたり、嫌がられても嫌がられても電話をかけまくるより、よっぽど効率がいいわけです。

製造業でも、伸びてる会社はインターネットを駆使しています。

お客様は、通常業務の発注はこれまでどおりの工場や人から紹介を受けた外注先に仕事を依頼すればすみますが、特殊な案件やすごく急ぐ仕事については、ゆっくり依頼先を探している余裕がなく、インターネット上のウェブページを見て発注先を探します。そのことにいち早く気付き、24時間３６５日インターネット経由で仕事を受けられる仕組みをつくり上げた会社は、それだけで同業他社と差別化でき、仕事が集中することになります。

専門性に自信をもっていたり、いわゆる職人気質の経営者ほど、インターネットで集客することにまだ抵抗感があります。

もちろん、どんな世の中でもフェイス・トゥ・フェイスが大切だという価値観自体、否定しません。

しかし、今後はＩｏＴ（Internet of Things＝モノのインターネット）や、ＡＩ（artificial intelligence＝人工知能）といった分野が急速に伸びてくることは間違いありません。そこを、人の仕事が機械に「取られる」と考えてしまうか、人の仕事を機械が「やってくれる」ようになると考えられるかが、勝負の分かれ目かもしれません。

機械が人の仕事を代替するようになったのは、いまにはじまったことでなく、掃除機、洗濯機、食器洗浄機など枚挙にいとまがないのですから。

インターネットの普及は、それまで絶大な威力があったマスコミを通じた広告の効果を失わせることにもなりました。以前は、テレビで大々的に広告をしていた商品が売れました。情報を発信する手段が限られていたので、情報の発信者と受信者が明確に分けられ、受け手側である消費者は広告を信頼するしかなかったのです。

ところが、インターネットの普及により、誰でも無料で世界中に情報を発信できるようになりました。その結果、**テレビ広告で便利だと宣伝する情報より、親しい友だちが便利だと発信する情報を信用するようになった**わけです。また、知らない人の口コミでも、企業の宣伝よりは本当にその商品を買った人の意見のほうが確かだろうと考えるのです。

飲食店の口コミサイト「食べログ」や、家電製品の口コミサイト「価格ドットコム」、口コミもできる世界最大のインターネットショッピングサイト「Ａｍａｚｏｎ」などの例を挙げるまでもなく、ネット上の口コミが力をもつようになりました。そして、現在は口コミが力をもっていない業界も、必ず近い将来、インターネット上の口コミを無視できなくなるはずです。

そのような意味でも、インターネットに精通していることが強みになる時代は今後も続きますし、裏を返せば、インターネットを軽視する会社は衰退していく時代がやってきたということなのです。

コラム

顧客獲得の陰にインターネットあり

防犯カメラやレコーダーなどの販売、設置、保守などを行うS社は、最近の防犯ブームの潮流にも乗って、業績を伸ばしています。しかし、会社の成長は単に時代の流れに乗っただけのものではありません。

S社のK社長は、もともと営業会社に就職し、いわゆるテレアポからクロージングまでをガンガンこなすスーパー営業マンでした。社内では常に営業成績ナンバーワン、会社からは驚くほど多額の歩合給を受け取っていました。

そして、若くして独立起業しました。

独立後は社長の自分が営業として回るのではなく、社員たちにお客様を探してもらい、仕事を獲得してもらわなければなりません。ところが、社員たちはK社長のように仕事を獲得することができず、将来を悲観し次々と会社を辞めていったのです。

「社員はみんなが自分のように営業が得意なわけではない。だから、このような社員たちでも仕事が獲得できるような仕組みを考えなければならない」とK社長は悩みました。そして、猛烈にインターネットについて勉強したのです。彼は、インターネットが特に好きだったわけではありませんが、ただ社員のために何日も徹夜しながらインターネットの仕組みを勉強し、自社サイトを毎日作り替えて試行錯誤を繰り返しました。

その結果、自社のウェブサイトから安定して仕事を獲得できるようになり、営業が苦手な社員たちも安心して働ける会社になったのです。

第3章

伸びてる会社の社長と社員

共通点11 何よりも社員を大切にしている

伸びてる会社の社長は、何よりも社員を大切にしています。自分一人でできることはきわめて限られているからこそ、多くの社員の力を借りないと会社が大きくならないことを知っているからです。

残念なことに、これまで出会った経営者の中には、「社員は頼りにならない」と言って、いつも社長が一人でがむしゃらに努力しているタイプの人もいました。

しかし、いくらその社長が優秀であったとしても、一人の頑張りで成し遂げられることには限界があります。売上高1億円から3億円で頭打ちになるケースがほとんどです。

伸びてる会社の社長は、多くの社員に仕事を任せ、厳しく叱咤しつつ、ねぎらいと感謝の言葉をかけています。

よく、「お客様第一主義」を掲げている会社があります。

確かに、社員のことは大切だけど、「社員が一番大切だ」と公言してしまうと、お客様の反感を買うのではないかと心配になる経営者がいます。

また、お客様を喜ばせて、会社の利益が上がるからこそ、社員を満足させることができるのであって、まず喜んでもらうのはお客様ではないかという考え方もあります。

しかし、果たして本当にそうでしょうか。

企業の経営理念を見ると、その企業が何を大切にしているかを知ることができます。

そこで、稲盛氏がこれまで創業ないし再生させてきた会社の経営理念を以下にご紹介します。

●京セラ

全従業員の物心両面の幸福を追求すると同時に、人類、社会の進歩発展に貢献すること。

●KDDI（au）

KDDIグループは、全従業員の物心両面の幸福を追求すると同時に、お客さまの期待を超える感動をお届けすることにより、豊かなコミュニケーション社会の発展に貢献します。

●日本航空（JAL）

JALグループは、全社員の物心両面の幸福を追求し、

一、お客さまに最高のサービスを提供します。

一、企業価値を高め、社会の進歩発展に貢献します。

どの会社も、経営理念の冒頭に「従業員の物心両面の幸福の追求」を堂々と掲げ、社員の幸福のためにこの会社があると宣言しているのです。

特に、日本航空の経営理念は、２０１０年に経営が破綻して会社更生法の適用を受け、これから会社を再生させようというときに策定されたものです。多くのお客様や債権者、株主などのステークホルダーに多大な迷惑をかけておきながら、会社は社員の幸せのためにあると宣言することに異論や葛藤もあったそうですが、社員が幸せでなければ最高のサービスは届けられないとの思いのもと、この経営理念がつくられたそうです。

それでもまだ、社員を最優先することにためらいを覚える場合には、次のようなことを考えてみてください。

ある会社が「顧客第一主義」をうたい、確かに社長はよく働き、いいサービスを提供しているように見えても、その会社の社長がまったく家庭を顧みず、奥さんや子どもたちから完全に愛想を尽かされていたとしたら、あなたはその会社のファンになるでしょうか。身近な家族を大切にできない人が、本当にお客様を大切にできるのか疑問に思うはずです。

これとまったく同じように、社長にとって、社員はお客様より身近な存在です。ですから、社員を大切にできない社長が、本当にお客様を大切にできるはずがありません。社長はまず社員を大切にすることによってお客様を大切にするのが、あるべき姿なのです。

そして、社員を大切にする会社というのは、そこで働く社員にとって居心地がいいだけでなく、その会社の顧客から見ても気持ちがいいものです。私は、多くの会社の社長とフェイスブックなどを通じて交流していますが、「社員の誕生日を一緒に祝った」とか、「新入社員の○○くんが初めてお客様から契約をいただいたので、部内で盛大にパーティー中」などという投稿を見ると、すっかりその会社のファンになり、その会社を応援したくなります。

もちろん、「社員がこんなミスをした」「社員がいつまでも仕事を覚えず頭にくる」などといったネガティブな投稿をしている社長の会社は成長も期待できませんし、誰もその会社の商品やサービスを買おうとはしません。

コラム

社員にやりがいを感じさせるのが社長の役割

会社がチームで大きなことを成し遂げようとするときには、1人でも多くの社員が本気にならなければなりません。そして、社員は自分たちが大切にされていると感じなければ、本気を出すわけがありません。

ですから、京セラでは経営理念の冒頭に「全従業員の物心両面の幸福」を追及することが宣言されているのです。

この「物心」のうち、より大切なのは「心」です。これはやりがい、働きがいと言い換えることができます。社員一人ひとりに仕事のやりがいを感じさせること、自分の仕事が人の役に立っていると実感させることが、社長の一番大切な役割といっても過言ではありません。

一方で「物」とはもちろん給料のことですが、これは「どこよりも高い給料を出せ」ということではありません。実際に、社員は給料を上げれば上げるほどやる気を出すとは限らないのがむずかしいところです。

給料を上げたり、業績がいいときにボーナスを弾んだりすると、社員はそのときは喜びますが、次の日からはそれが当たり前と感じてしまい、むしろ業績が悪いときにボーナスが減ることを不満に感じます。

もちろん、業界の平均以下の給料しか払えないようでは、社員の「物」の幸福を満たしていると胸を張ることはできません。しかし、業界の平均以上の給料を払えているのであれば、後は心の部分を中心に考え、社員に少しでも多くの働きがいを提供し、一人ひとりが会社にとって欠かせない存在であると実感しながら働ける環境をつくるよう目指してください。

共通点12 目標を全社員と共有している

高い目標を掲げることが大切だということは、第2章「共通点7」でお伝えしました。

そして、**伸びてる会社の社長は、高い目標を立てるだけでなく、この目標数字を全社員と共有しています。**

自分が立てた目標を内に秘めて頑張るタイプの社長もいますが、**伸びてる会社はみんな**

有言実行です。

目標を社員の前で公言したほうがいい理由は2つあります。

1つは、**社長1人の力では会社の目標を達成できないから**です。社員の力を借りるためには、社員一人ひとりが目標数字を認識し、社員一人ひとりがその数字を達成したいと感じてもらった上で仕事に取り組んでもらう必要があります。

そして、会社全体の目標を各部署や各人に細分化したり、各月や各週に細分化したりして、社員一人ひとりがその目標数字のどの部分を担っているのかを見えるようにし、役割を自覚できるようにする必要があります。**全社の目標として大きな数字をいわれても、一**

人ひとりの社員はどう頑張ればいいのか分からないからです。

そして、目標数字を全社員と共有するもう1つの意義は、**目標を声に出すと社長自身が本気になれる**ということにあります。

内に秘めた目標は誰にも伝わっていませんから、達成できなくても自分の中で言い訳ができます。「社員の頑張りが足りなかった」「商品開発に想定外の時間がかかった」「見込みが甘かった」など。

しかし、全社員に伝えてしまった目標が達成できないと、社員の士気にも悪い影響を与えますし、何よりも自分で言った以上は達成できないと格好悪いですから、どうやれば目標数字を達成できるかを自然に考えます。いつもそのことを考えるようになるので、本や新聞で読んだこと、人との会話の中などにちりばめられている目標達成や問題解決のヒントを、逃さずキャッチできるようになるのです。

私の友人は、「社長はヒーローでなければならない」「そして、ヒーローはみんな有言実行だ」と言っていました。ヒーローは黙って姑息な攻撃を仕掛けることは絶対にしない。

マジンガーZは「ロケットパ～ンチ！」と叫んでからパンチを繰り出し、ドラゴンボールの孫悟空は「か～め～は～め～は～～！」と言ってから波動を出すのです。そして社長はヒーローなのだから有言実行なのだというのです。

もちろん、日々社長が目標数字を公言し、社員の耳と頭にすり込んでいくうちに、社員もその気になっていきます。頭で考えるのではなく、「声に出して言う」ことにはそれくらい大きな力があるのです。


違う目標をもっている人と、同じチームで働くことはできません。ですから、社長は目標を公言することにより、社員の目標を統一することも必要です。

たとえば、あなたが日本代表のサッカー選手だとして、本気でワールドカップで優勝したいと考え、血のにじむようなトレーニングを重ねているとします。ところがチームメートに「自分は日本代表に選ばれただけで満足だ」と考えている人がいたら、どう考えますか。おそらく「こんなやつはチームから外してくれ」と思うのではないでしょうか。

会社でも同じことです。社員の中に目標が低い人が交じっていると、目標が高い社員のやる気を削いでしまいます。

全社員に高い目標を与えて、共有させる役目を果たすことができるのはただ一人、社長だけなのです。

コラム

目標数字の決定はトップダウン？　ボトムアップ？

会社の目標数字は誰がどのようにして決めるのがいいのでしょうか。

このことを私は、日ごろからよい経営を考え抜き、実践しているH社長から教わりました。

目標とは「意志」なのだから、一番高い志をもっている社長が決めて部下に伝えるべきだという人がいます。部下にとっては、目標は低いほうが楽ですから、部下に目標を決めさせては高い目標などつくれるはずがないというわけです。

一方で、上から言われた数字では社員が本気になれるわけがないから、目標数字は社員が自分たちで決めて積み上げるべきだという人がいます。社員が自発的に動くためには、自分たちが自発的に設定した目標である必要があるというわけです。

このように、目標をトップダウンで定めるべきなのか、ボトムアップで定めるべきなのかといった議論は、さまざまな場所でよく行われますが、H社長は、「ボトム

第1章
第2章
第3章
第4章
第5章
第6章

アップでトップダウンの数字をつくるべきだ」とおっしゃっていました。

つまり、社員は社長が一方的に決めた目標数字では納得せず、本気にならないので、まずは社員たちに目標数字を考えさせます。しかし、それが社長の考える数字より低い場合には、「本気を出せばもっとできるのではないか」「本当はもっとやりたいと考えているのではないか」「もう一度考えてきてくれないか」と言いながら、何度も社員と徹底的に話し合うのです。

そこまでした結果、社員が「やる」と約束する数字が、社長のやりたい数字と一致したときに来期の目標ができ上がるというわけです。

ボトムアップでトップダウンの目標数字をつくるためには、何度も社員と話し合うことが必要ですから、今期が終わりそうになって慌てて来期の目標数字を考えても、間に合いません。H社長は期が締まる3カ月以上前から、来期の目標数字を社員と話し合っています。

共通点13

社員が仕事に熱中している

伸びてる会社の社員は、仕事に熱中しています。

第2章「共通点6」でお話ししたように、伸びてる会社の社長は仕事が好きです。そして社長だけでなく、社員たちも仕事が好きなのです。何度もお伝えするように、大きな仕事は社長一人でできないのですから、当然のことです。

仕事が好きな社長は比較的多いのですが、仕事が好きな社員は少ないものです。私はこれまでに多くの社長や会社を見てきました。その経験から、社員が仕事や会社を好きかどうかは、以下の点をチェックすれば分かることに気付きました。

- 社員の子どもや親族、知人、友人が入社しているか。それともそのような社員がまったくいないか。
- 社員が社長にかまってほしいと思っているか。それとも社長には話しかけられたくないというオーラを出しているか。
- 社員が社内の飲み会で仕事の話をしているか。それとも家族や趣味の話ばかりしているか。

前者であれば、その会社は社員が仕事に熱中しているよい会社です。しかし後者だとしたら、社員はあまり仕事に熱中しておらず黄信号、注意が必要です。

では、社員が会社を好きになり、仕事に熱中するようにするために、社長はどうすればいいのでしょうか。

まずは、**社員一人ひとりに対して関心をもち、社員を見てあげてください**。またそれだけでなく、社長が見ているということが社員に伝わっている必要があります。**仕事で悩んでいるときは相談に乗り、仕事がうまくいったときは、すかさずほめてあげるのです**。

仕事上のことだけではなく、「親は元気か」とか、「子どもは大きくなったか」など家族のことも気遣ってあげるといいですし、ときには「昨日の巨人戦はすごい結末だったね」などと、社員の趣味の話をするのもいいでしょう。社長に目をかけてもらって嫌がる社員はいないのです。

さらに重要な社長の役目は、会社の明るい未来を社員たちに語ることです。社員は（給料があまり安いのは困りますが）ちょっとぐらい給料を上げたり、ボーナスを弾んでもらっても、社長が思っているほどモチベーションを上げることも、モチベーションを高く保つこともありません。前にもお話ししたとおり、その瞬間は喜んでも、次の日からは当たり前に感じてしまうものだからです。

それよりも、もっと効果的な方法があります。**社員の前で夢を語るのです**。この会社はこれからどんどん成長すること、そのために一人ひとりの社員に期待をかけていることをできるだけ具体的に伝え、「自分も頑張るから力を貸してほしい」とお願いしてみてください。

そして、会社が成長するために、それぞれの社員がどのような役割を担えばいいのかを、リアルにイメージできるようにミッションを決め、頑張っている社員をほめてあげればいいのです。

社員は会社がこれからどんどんよくなっていくと感じれば、自分の会社を好きになりますし、そのために自分が必要とされていると感じれば、仕事も好きになります。社員は自分の会社の未来が明るいと喜びますし、必ず心のどこかに自分も成長したい、自分も会社に貢献して認められたいと思う心をもっています。

ですから、もし社長が、社員のことを本気で仕事をしていないと感じたときは、社員を叱るのではなく、むしろ「お前を本気にさせられなくてゴメン」と謝らなければなりません。

もちろん、社員をほめることや大切にすることと、社員を甘やかすことはまったく違います。

社員が間違ったことをしたとき、間違った考え方をもっているときにはすかさず叱らなければなりません。感情で怒るのではなく、愛をもって叱れば、社員は「もっと自分が成長しなければ」と反省こそすれ、反発することはありません。

「こう考えて、このように行動すればもっと君が成長するし、それができると信じているよ」というメッセージを上手に伝えてください。

コラム

なぜ仕事に熱中する社員は社長が好きなのか

私は、クライアント企業の幹部研修や社員研修を担当した際や、交流会に参加したときに社長だけでなく、その会社の社員と名刺交換をしたり、立ち話をすることがあります。そのような社員の何人かからは、フェイスブックで友だち申請をいただいています。

社員の投稿を読むと、その社員が仕事に熱中しているか、社長をどれだけ慕っているかが分かります。やはり伸びてる会社の社員は仕事に熱中していますし、社長のことが大好きです。

不動産業を営むN社のT社長も、社員から慕われている社長の一人です。社員は社長より年上が多いのですが、みんな「最近社長が忙しくて、あまり飲みに連れて行ってくれない」などと言っているのです。世の中には、社長と一緒に飲みに行くとすぐ仕事の話をされるから嫌だという社員が多い中で、T社長の存在感がひときわ際立ちます。

Ｃ社のＮ社長も個性的です。社員に対しては普段から相当厳しく叱責をするそうですが、社員は叱られると反発したり萎縮するどころか、しばらく叱られないと物足りなそうな顔をしているというのです。

社員に、仕事に熱中してもらうためには、社員に関心をもち、ほめたり叱ったりしながらコミュニケーションを取ることが大切で、任せたからといって会話がないのは一番マズいです。そして、社員には簡単には達成できないやりがいのある役割を与えるといいようです。

筋トレと同じで、社員に負荷のかからない仕事をいくらやらせても成長しませんが、ほどよい負荷をかけるとどんどん社員が大きく成長していくのです。もちろん、負荷をかけすぎて社員をつぶしてはいけないのも筋トレと同じです。

共通点14 社員教育よりも採用優先

伸びてる会社は、社員の採用にすごく力を入れています。熱意、時間、お金、準備、あらゆる面から採用を大切にしています。

いろいろな社長とお話をしていると、「うちはどんな人でも入社すれば、育てる自信があるので選びません」とおっしゃる人がいます。しかし、残念ながら、やる気のない社員や基本的な能力のない社員を育てるのは大変ですし、考えが合わない人の考えを変えさせることはもっと大変です。

ですから、社員を採用するときは、まずは会社が「どんな人がほしいのか」をはっきり決めて、会社の考えに合う人を採用するようにしてください。

このときに上手に採用するコツは、**採用活動を「会社が選ぶ場ではなく、会社が選ばれる場」と考える**ことです。採用活動というと、応募者にいろいろな試験を課したり、面接で志望動機や長所・短所を質問したりして、ついその応募者が「どんな人物なのか」を探ろうとしてしまいます。

しかし、**採用活動でまずすべきことは、応募者がどんな人なのかを探ることではなく、自分たちの会社がどんな会社なのか、そしてどんな人に入社してほしいのかをできるだけ**

分かりやすく、できるだけくわしく伝えることなのです。

求人広告を載せたものの、自分たちの会社の情報がほとんどない場合、「なぜうちの会社を志望したのですか」と聞かれても答えようがありません。自己紹介もしないで「ボクのどこが好きですか」と聞くようなものなのです。

聞かれたほうは一応の答えを用意しているかもしれませんが、本音は「給料が他社よりいいから応募した」「家から近いから応募した」「どこでもいいから応募した」のいずれかでしょう。応募者には、その会社の情報は求人広告に書かれた内容しかないのですから。

会社に合う人を採用しようと思ったら、会社説明会でも面接の場でも、自分の会社のことを説明しまくります。自社のホームページには無制限に情報を載せられるのですから、応募の検討を意識した情報を充実させることも必須です。

これだけのことをすると、あなたの会社に入りたいと志望する応募者数は減るかもしれませんが、**応募してきた人はどの人を採ってもあなたの会社にぴったりの人材のはずです。**

日本は少子高齢化の影響で、今後労働力人口は減少の一途をたどることが確実で、会社にとって人を採用すること、特に若い人を採用することはますます困難になります。

ですから、面接は応募者の品定めをする場ではなくて、会社がほしいと思う応募者を口説き落とす場だと考えてください。

実際に、最近では上場企業でも、最終面接には社長が同席し、会社のビジョンを学生たちに熱く語るなどして内定を出し、他社に学生が流れないように「あなたと一緒に働きたい」という熱意を伝えています。

伸びてる会社の採用には、もう1つ共通点があります。

それは、**新卒採用と未経験者の採用に力を入れている**ということです。

中小企業では、学生を新卒採用してもビジネスマナーやあいさつから教えなければならず、一人前に育つまでに時間がかかりすぎると考えたり、中途採用するなら未経験者より経験者のほうが即戦力として役に立つと考えてしまいがちです。実際、求人誌には「経験者優遇」の文字を多く見かけます。

しかし、よく考えてみてください。

能力があって人柄もよい上、あなたの会社と同じ仕事を経験してきたような人材が、はたして中途採用の市場に出回るでしょうか。勤めていた会社が倒産したとか、家族の都合で引っ越すことになったなど、前の会社を退職せざるを得ない明確な理由があった場合は別ですが、そうでもなければいまいる会社でも高い評価を受け、満足して働いている可能性が高いので、転職を考えることはありません。

ですから、あなたの会社で高いパフォーマンスを発揮する人材を採りたければ、能力の高い新卒を口説くか、未経験の中途採用を考えるべきです。能力があって人柄のよい人でも、それまでの仕事内容が自分に合っていなかったという可能性はあるからです。

どうしても営業は苦手なので事務職に転職したいとか、逆にお客様との接点のないプログラムの仕事ばかりでなく、客先に出向きたいなど、能力と人柄に申し分がないのに、以前の会社での仕事内容がマッチしなかった場合には、あなたの会社の仕事とマッチして、高いパフォーマンスを発揮する可能性があるのです。

コラム

一緒に働きたいという直感が採用基準

私は、これまで多くの会社の社長や採用担当者に「御社の採用基準はどのようなものですか」という質問をしてきました。

いまどき、堂々と「顔で採用しています」と言う人はいませんが、じつは見た目も採用基準の1つとしてあながち間違っていないかもしれません。というのも、人の考え方や思い、熱意、努力などは顔や体型、髪型や身だしなみなど、外見に表れるからです。業種によっては、外見が売り上げを左右することがあります。

パナソニックの創業者である松下幸之助氏が、面接で必ず「あなたは運がいいですか」と質問し、「悪い」と答えた人は採用しなかったという話は有名です。運がいいと答える人は、周りの人に大切にされてきた可能性が高く、また謙虚であるということなのでしょう。

リクルートの創業者である江副浩正氏は、採用担当者に「(どこか一部分でもいいから）自分より優秀なやつを採用しろ」と言っていたといいます。そして、採用担当者には、その期で一番優秀だと思える社員を当てたそうです。

両親に感謝し、親を大切にしているかを採用の大きな判断要素にしている会社もありました。家族を大切にしている人は、会社に入ってからも上司や同僚、部下といった仲間を大切にする可能性が高いからでしょう。

しかし、一番多い答えは「この人と働きたいと思うかどうか」というものでした。このファジーにも聞こえる採用基準が、じつは間違いの少ない基準なのです。

よく、「自分が好きな人は、相手も自分のことを好き」「自分が苦手な相手は、その相手も自分を苦手」などと言われますが、「何となく、この人が会社にいると楽しそうだ」という直感が正しかったりするわけです。逆にその直感に従わず、あれこれ理由をつけて、すぐに会社に利益を生み出しそうな人を採用すると、会社の雰囲気になじめなかったりすぐに退職してしまったりと手痛い失敗になることもあります。

第4章

伸びてる会社の経理と会計

共通点15

経理が異常に細かい

伸びてる会社の経理は、総じて異常に細かいという共通点があります。

伸び悩む会社の経理が、得てしてどんぶり勘定になってしまうのとは対照的です。

経理が細かいというのは、簡単に言えば、**経費の勘定科目が細かく分かれている**ということです。

たとえば、「水道光熱費」とするのではなく「水道費」「電気代」「ガス代」と分かれていることを意味します。同じように「通信費」ではなく、「固定電話代」「携帯電話代」「プロバイダー使用料」と分けるべきですし、「旅費交通費」ではなく「電車代」「高速道路代」「タクシー代」「宿泊費」と分けるということです。

では、なぜ経理が細かいと経営が伸びるかについてお話ししましょう。

会社が利益を出すことの大切さについては、第2章「共通点8」でお伝えしました。

利益とは、売り上げから経費を引いたものですから、同じ売り上げでも経費が少なければ少ないほど、利益が残るわけです（当たり前ですよね）。

さて、社長が経費を削減したいと考え、月次の損益計算書を見たとしましょう。たとえば、「通信費」が毎月20万円かかっていることが分かっても、これをどうやって削減したらいいかすぐに思い浮かびません。しかし、「固定電話代が5万円」「携帯電話代が12万円」「プロバイダー使用料が3万円」かかっていることが分かったら、最もシェアの大きい携帯電話代から見直そうと目をつけ、プランを変更すれば通話料をもっと安くできるのではないかと、具体的な方策を検討できるのです。

月ごとのばらつきについても同じです。「旅費交通費」が毎月100万円かかっていたとします。細かい科目に分かれていなかった場合、「うちの会社は毎月大体100万円の交通費がかかるのか」という分析で終わってしまいます。

しかし、細かい科目に分けた経理を行っていれば、費目別に見て6月、9月、12～2月はタクシー代が多いこと、3月、4月、10月は宿泊費が多いことなど、細目ごとにピークが違うことに気付くことができます。雨が多い6月、9月や、外を歩くのが寒くなる冬場は、ついタクシーでの移動が多くなっていたのです。

また、年度の切り替え時期は、半期ごとに注文が集中するので家に帰れず、ビジネスホテルに泊まっている社員がいることも判明しました。

このような分析ができれば、タクシーを利用してもよい基準をつくったり、遅くまで残業しなくてもすむような人員配置をすることによって、タクシー代や宿泊費を大幅に削減できる可能性が出てきます。

経費がおおざっぱだと、このような分析ができず、毎月大して出費のない高速道路代をけちり、「できるだけ一般道を使おう」などという施策をとって、社員から不評を買ったりしてしまうのです。

さらにいえば、このような分析は四半期ごとよりは月次、月次よりは週ごとにやるべきです。それだけ細かい分析ができますし、改善点が見つかればすぐに手を打つことができるからです。

経費だけでなく、利益もできるだけ細かく分析できるようにするといいでしょう。

たとえば、あなたの会社の売り上げが1億円で5パーセント（500万円）の利益が出ていたとします。取引をしている顧客はおおむねA社、B社、C社の3社で、そのうちA社からの売り上げが6000万円、B社が3000万円、C社が1000万円だったとします。

この場合、つい売上額の6割を占めるA社を大事にして人員を割き、フォローを優先してしまいがちです。

しかし、それぞれの顧客に自社の人員や時間、経費をどれだけ割いているのかを測定できるようにしたら、どのようなことが分かるでしょうか。

伸びてる会社では必ず、顧客ごとの採算を見えるようにしています。顧客ごとの採算が見えるようになると、たとえば、対A社の利益は50万円（利益率1パーセント）、B社は200万円（利益率7パーセント）、C社は250万円（利益率25パーセント）であることが分かったりするわけです。

それまでは、A社はたくさん仕事をくれるのだから、少し単価が安くてもがまんして仕事をしようと考えていたのですが、顧客ごとの利益率が分かれば、A社とは強気に価格交渉をできるようになりますし、C社との取引をもっと増やせば、自社の利益をもっと増やすことができると気付くことができるのです。

コラム

利益を視覚化して効率的なビジネスを

コンビニやファミレスなど、事業所から出るゴミをルートで回収しているY社は、最近、ゴミの収集車1台ごとにタブレット端末を配りました。

というのも、これまではゴミを出すお客様ごとに回収の単価を決めていたのですが、1つのルートに複数のお客様がいるため、お客様ごとの単価が見えなかったのです。

このタブレットに、回収を担当するスタッフがゴミの量を入力していくことによって、お客様ごとのゴミの量、売上金額とゴミ1kg当たりの利益額を測定できるようになりました。

そのことによって、取扱量が多くても利益が出ていなかったり利益が薄かったお客様に対しては、代金の値上げをお願いしたり、場合によっては今後の取引をお断りするという対応を取ることができ、会社の利益率を大幅にアップすることができたのです。

私の事務所でも、顧問契約をいただいているお客様ごとに、毎年弁護士がどれくらいの時間を使ったかを測定できるシステムを導入しています。これにより、本当に事務所に利益をもたらしてくれるのはどのお客様なのかも分かりますし、「つい好きなお客様にだけ時間を多く使ってしまう」ということも防げるようになりました。

共通点16　適正価格を考え抜いている

伸びてる会社は、自社の製品やサービスの価格を考え抜いています。業界の常識や相場などまったく気にせず、お客様が喜んで買ってくれる金額をとことん考えているのです。

日本テレビの『ぐるぐるナインティナイン』という番組で、「ゴチになります！」というコーナーがあります。人気長寿番組なので、ご覧になったことがある方もいるのではないでしょうか。

ゴチバトルと呼ばれるこのゲーム（レース）は、出演者が各々、金額が伏せられたメニューから好きな料理を選び、味わった上で金額を予想することで進行していきます。予想した金額と実際の金額が一番近かった人にはご褒美があり、一番的外れな金額を予想した人が、全員分の食事代を払うことになります。

このゲームは、値決めの本質を教えてくれます。はじめて食べる料理でも、人は直感で価格を予想できるということです。

「こんなに柔らかいお肉は高いはずだ」「こんなに大きなエビは高いはずだ」という予想もありますし、盛りつけが繊細できれいだったら満足度も上がります。もちろん、おいしいと感じることが一番です。

金額の予想は当たったり外れたりしますが、店側としてはみんなが予想するより「少し安い」金額を設定することが繁盛の秘訣になります。みんなの予想金額より実際の値付けが高いと、お客様は「思ったより高いな」と不満に感じてリピートしてくれません。

逆に、「こんなに安いんだ」と感じさせた場合、お客様は大満足で帰りますが、店側としては、もっと得られるはずだった利益を取り逃がしてしまっている、と言えるのです。

どのようなお店でも、「この内容でこの金額は高すぎる」と嫌われず、「この内容でこの金額はお得すぎる」と、利益を取り逃がさない絶妙の値付けを考えなければなりません。

これは客単価が３万円の超高級寿司店でも、１皿１００円の激安回転寿司店でも同じことです。

値決めの際に、業界の常識や相場などを気にする必要はまったくありません。たとえば、あなたがラーメン屋をオープンするときに、「うちは素材と味にこだわって、高い材料を使っているけど、ラーメンは1杯850円が相場だし、近くの店も大体そのくらいの金額だ」と考える必要はないわけです。

むしろ、このラーメンなら1杯2000円の値付けをしても、お客様は喜んで来てくれると考えられるのであれば、自信をもって2000円の値段を付けるべきです。そのほうが他の店とは差別化できて目立つことすらできます。

自分の会社の商品やサービスを、お客様はなぜ買ってくれるのか。そこにどのような感動や満足、付加価値があるのかをもう一度深掘りしてみてください。

「うちのコーヒーは、コクと香りに自信があったのに、じつはコーヒーカップのセンスのよさが評価されていた」とか、「このスマホは多機能が売りだったのに、じつは見た目のかっこよさが評価されていた」なんてことは、世の中にけっこうあります。

このようなケースでは、さらにコーヒー豆の仕入れにこだわったり、新しい機能を搭載した機種を追加するよりも、輸入物のコーヒーカップを仕入れたり、同じ機種でも珍しいカラーのラインアップを追加したほうがお客様は喜びます。

自分が売りたいことではなく、お客様が喜ぶことにフォーカスすれば、もっと商品力を高め、価格を上げることができるに違いありません。

コラム

値決めこそ社長が考え抜いてやる仕事

適正価格を考え抜かなければならないということを、稲盛氏は「値決めは経営」という言葉で表現しています。お客様が満足して買ってくれる最高額を考え抜いて定めるのはとてもむずかしいことで、だからこそ値決めは部下に任せず社長がやるべきだというのです。

この値決めの話で、私がとても印象に残っていることがあります。それは、関西で造園業を営むK社のお話です。

庭木の伐採や芝刈り、庭石や庭池などの工事を行う造園業は、土木業に分類されます。この業界での値付けは、人工《にんく》計算でされるのが一般的です。

たとえば、その工事が、3人の職人で7日間かかる作業で、1人工（職人さんの1

人1日あたりの手間代）が1万4000円だったとすれば、通常、値付けは次のようになります。

1万4000円（1人工）×3（人）×7（日間）＝29万4000円

しかし、K社では造園業を、「家（や寺）から見える景色をつくる仕事」と定義したのです。これは、あたかも「画家が絵を描いて値付けする」ようなものです。

絵画の価格は、絵の具の値段や、描くのにかかった時間で計算されるわけでなく、その絵の素晴らしさが心を動かす量で決まります。同様に、造園も景色をつくる仕事なのだから、その景色を見ることによって得られる感動の量に値段を付けることにしたというわけです。

こうすることで、同じ人工で作業をしても5倍も10倍もの値段が付けられるようになったそうです。

共通点17 公私混同をしない

伸びてる会社では、公私混同がありません。

当たり前のことに思われるかもしれませんが、社長が自ら起業し、すべての株式を社長がもっているような同族会社では、厳密に公私の区別をつけている会社は意外と少ないものです。

たとえば、家族や友だちとの飲食費を「交際費」と称して、会社の経費で処理していたり、自動車を会社の資産として減価償却している会社があります。社長の住まいを「社宅」と称して、会社の経費で落としている会社も見たことがあります。

このような経費処理は、公私混同の一種です。

では、なぜこのような公私混同がいけないのでしょうか。

このような経費処理をしている会社の社長は、みんな口をそろえて「節税のためにやっている」と言います。

まず試しに、年間３００万円の車両費を会社の経費とするか、社長の個人もちとするかで税務上どのような差があるのかを見てみましょう。

【車両費を会社の経費とする場合】

・会社の売上……３０００万円
・会社の経費……２０００万円（車両費３００万円を含む・社長の給料を除く）
・社長の給料……８００万円

この場合、会社の利益は２００万円となります。

会社は利益２００万円に対して法人税を払い、社長は給料８００万円に対して所得税や住民税を払います。

【車両費を社長の個人負担とする場合】

・会社の売上……３０００万円
・会社の経費……１７００万円（車両費を会社の経費にしない・社長の給料を除く）
・社長の給料……１１００万円（車両費３００万円は社長の個人負担）

この場合、会社の利益は同じく２００万円となります。

会社は利益２００万円に対して法人税を払い、社長は給料１１００万円に対して所得税や住民税を払います。

このように比較してみると、会社にとっては自動車分の300万円を車両費として経費扱いとしても、社長の給料として支払っても利益額（200万円）が変わらず、したがって法人税の支払額も変わりません。

しかし、社長の給料額（所得）が変わるため、社長個人の所得税や住民税の負担は後者のほうが重くなります。会社と社長の税負担をトータルで考えた場合、前者のほうが手元に残るキャッシュが多く、後者のほうが税負担は大きくなることが分かります。

それにもかかわらず、なぜ公私の別を厳格にすることを勧めるかというと、**公私混同をしない会社の社員は総じてモチベーションが**

高く、熱意にあふれているからです。

社長が高級車に乗って、これを会社の経費で落としたりしていると、その会社で働いている社員は「自分たちは、社長が高級車に乗るために働かされているみたいだ」と一生懸命働くのがバカバカしく感じてしまうのです。

一方、公私の別を厳しくつけている会社では、頑張って努力した分だけ会社の利益が増えていくことを社員全員が実感できますから、社員のモチベーションは高く、会社の売上げや利益がどんどん伸びていきます。その結果、社員だけでなく社長の給料も上げることができます。

「節税をしよう」などというセコいことを考えて、社員のやる気を削いでしまうより、節税など考えずに会社の経営を伸ばすことが、結果的に社長の取り分も増やすことにつながるのです。

では、会社の経費で落とすものと、社長や社員が個人で負担すべきものの区別はどのようにつけるべきでしょうか。

じつはこの区別の判断はとても簡単で、「**社長が使っても、社員が使っても等しく会社の経費とすべきもの**」**だけを会社の経費とすればいい**のです。

どんな場合にタクシーを使っていいのか、お客様との会食はどんな店を使えばいいのか、出張の際の宿泊ホテルはどのグレードにすべきかなど、社内共通の統一ルールをつくってしまえば、社員間の公平感も増しますし、社長も堂々と経費を使えるようになります。

コラム

無駄な接待交際費はいますぐ見直すべし

「夜はネオン街で飲み歩き、毎日タクシーで帰宅する」

苦労して起業した創業社長ほど、こんな生活にあこがれたり、少しお金に余裕が出ると実行に移したりする人が多いように感じます。

しかし、自社の経営を伸ばすのに、それは本当に必要なことでしょうか。税金を多く払っている会社ほど伸びていることは、第2章「共通点9」でお話ししました。

私の顧問先のJ社は、歯科クリニックのサポートを業務としており、全国の大成功している歯科医と仕事をしています。しかし、業務提携などより深い取引は、「タクシーに乗る院長がいるクリニック」とはしないそうです。すぐにタクシーに乗るような院長がいるクリニックは、利益が貯まらず発展しないことが経験上はっきりしているからです。

また、同じく急成長している顧問先のC社は、社員が100人、売り上げが10億円という規模になる会社ですが、年間の接待交際費は20万円にも満たないそうです。この話を聞いて、私は接待交際費の本質を見た気がしました。

飲み食いをともにするから商品を買ってくれる、というお客様には限度があります。会社も毎月何人もの人は接待できません。むしろ、本当に自社の商品やサービスに魅力があれば、接待などをしなくても買ってもらえるはずなのです。逆に、自社に魅力がなければ、いくら接待をしても買ってもらえません。

もう一度、自社の経費を見つめ直してみるといいかもしれません。

経費の削減は、会社の利益を増やし、社員のやる気も湧いてくるというよい効果しかないのですから。

共通点18

株式の大切さを知っている

伸びてる会社の社長は、起業した最初の段階から「株式」の大切さをよく知っています。

会社を起業したとき、その会社の株式は大体、起業した社長が一人でもっています。しかし、その後会社に待ち受けている成長や試練にしたがって、株主が複数に分かれていくことがあります。

共同出資者と一緒に事業を進めることにして株式を持ち合うことにするケース、親が創業した会社を承継し、兄弟で株式を持ち合うケースなどがその典型例です。

そのほかにも、会社の成長を見込まれて大きな会社やベンチャー・キャピタル（VC）から資本を受け入れるケース、逆に会社が苦境に立ち、救済の手をさしのべてくれる会社から資本を入れてもらうというケースもあります。

株式会社にとって、一つの典型的な成功例は、株式を公開し上場することでしょう。この場合も、多くの一般株主や投資家が会社の株式をもつことになります。

会社を起業したとき、会社にはお金も、実績も、多くの顧客も、多くの社員もありませんから、社長は自社の株式の帰属について無頓着なことが多いのです。

ところが、会社が成長すると、自分以外の株主からいろいろな要求を受け、はじめて株式の重要性に気付き、そして「気付いたときにはもう遅い」という事態に陥っています。

株主は、会社の所有者です。シンプルに言えば、株主が社長を選び、会社の重大な方向性を決める権利をもっているのです。

ですから、私は会社を経営する社長には、いつも次の3つのアドバイスを差し上げています。

①会社の株式の過半数をもっていなければ、会社を経営する意味がない

株式会社の取締役は、株主総会の決議によって選任されます。つまり、過半数を保有する株主は、その会社の取締役や社長を自由に選んだり、辞めさせたりすることができるのです。

ですから、極端に言えば、会社の株式の過半数をもたない社長は、どんなに一生懸命経営に取り組み、会社の業績を伸ばしたとしても、いつ会社をクビになるか分かりません。

そして、会社と雇用関係にある社員は、労働基準法により正当な理由なく解雇されないという保障がありますが、会社と委任関係となる取締役にはそのような保障はなく、特別な

理由のない解任も認められてしまいます。

ですから、最低でも過半数の株式をもった状態でこそ、安心して会社の経営に打ち込むことができるのです。

②会社の株式の3分の2以上をもたずに会社を経営するのは、危険がいっぱい

定款の変更や事業の譲渡、会社の合併や解散といった重要事項は、株主総会の特別決議といって3分の2以上の賛成多数によって決定されます。

したがって、会社が成長し、いざ会社にとって重大な決断をしようとしたときに、3分の1以上の株式をもつ株主の反対にあうと、会社が立ち往生してしまいます。

これは昭和シェル石油との合併が暗礁に乗り上げている出光興産の例を思い浮かべていただくと分かりやすいでしょう。

出光興産では創業家が株式の3分の1強を保有しているため、創業家が反対すると合併についての株主総会特別決議が否決されてしまうのです。

社長一人が株式の3分の2を保有していなくても、親や兄弟の株式を合わせれば3分の2を超えるという会社も少なくありませんが、決して安心することはできません。

親や兄弟であっても、お互いの利益が対立していがみ合うケースや、当人同士でなく株主の配偶者が口を出してきて方針が合わないことは、実際に大塚家具やロッテのお家騒動など、枚挙にいとまがありません。

③できれば、会社の株式を全株もって経営を

私は、社長が安心して会社の経営に邁進するためには、できるだけ全株を社長が保有することをお勧めしています。

確かに、会社の全株を保有していなくても、4分の3以上の株式を保有していれば、法律上はその会社の実権をすべて握っていると評価できます。

しかし、たとえばあなたの会社に後継者がいないことから、会社を売却することになった場合や、さらなる成長をするために大企業とのM＆Aに応じることになった場合、必ず相手は「全株式」の譲り受けを条件としてきます。

株式を少数しかもたない株主にも、株主総会の招集や議案の提案、帳簿の閲覧や役員解任の訴えなど、さまざまな権利が認められているため、どのような株主がいるのか分からない会社の一部の株式を買い取ることにはリスクがある、と評価されてしまうためです。

そして、このような事態になったときにも、会社の株式を「買い取らせてくれ」と要求する権利も、「買い取ってくれ」と要求する権利も法律上はありません。話し合いが成立

しなければ、何も強制する手段がないのです。

ですから、このようなときに備えて、できるだけ会社の株式は分散させず、社長が全株を保有すべきなのです。

コラム

ベンチャー・キャピタル、株式上場の検討は慎重に

私は、会社の株式は全株、社長がもつべきだとお話ししました。

これに対して、ベンチャー・キャピタル（ＶＣ）から資本を受け入れたり、上場することで資金を調達したりする会社があります。このような場合には当然、出資者が株式をもつことになりますし、むしろ社長が株式の過半数をもつことのほうが少ないかもしれません。

もちろん、会社が成長するために、ＶＣの力を借りたり、上場によって資金調達をすることが有用であることを否定しません。

しかし、その決断は、自社の株式を他人がもつことの意味とリスクを十分に理解

してからするようにしてください。

私が親しくしているH社のT社長は、会社を成長させても上場はしないことを決めました。会社にとっては、社長が誰であるかが一番大切なことであり、それをコントロールする権利を失ってしまうと、社員を守ることができないと考えたからです。H社の社員たちは、自分たちの会社を誇りに思い、T社長を心から慕い、一丸となって会社の業績を伸ばしています。

一方のI社のB社長は、VCからの出資も受け入れ、上場に向けて最短距離で突っ走っています。I社の社員は上場という共通の目標に向かって一致団結し、高いハードルを次々にクリアしています。

そして、数年前に上場を果たしたM社のD社長は、上場後の思わぬ効用をこう話してくれました。

「上場は本来資金調達のためにするものと言われていますが、実際にはそれ以外の効用が大きかったです。上場によって会社の信用力が飛躍的に上がり、社員たちは住宅ローンの審査に通りやすくなったり、結婚を認めてもらえやすくなったみたいです。また、会社にとっては大卒の優秀な新人を採用できるようになったり、好条件のM&Aの案件が持ち込まれるようになりました。これは上場してみてはじめて分かったことです」

どちらが正解、どちらが間違いということはありません。ただし、株式の大切さだけは忘れないでください。

第5章

伸びてる会社の社長の習慣

共通点19

業界とつるまない

伸びてる会社の社長たちは、同じ業界の中で戯《たわむ》れようとしません。

簡単に言うと、業界団体の会合に出ようとしないのです。

みなさんのお仕事の業界にも、必ず業界団体と呼ばれるものがあると思います。

私たち弁護士業には弁護士会という強制加入団体がありますし、不動産業、製造業、IT業、輸送業、旅行業など、ありとあらゆる業種に業界団体はあるのではないでしょうか。

業界団体に顔を出すと、確かに最近の自分たちの業界の景気や動向、トレンドが分かったりします。

「最近、景気悪いよね」「そうだね、もうちょっとの辛抱だね」とか、「インバウンド景気いつまで続くかね」「爆買いのピークはすぎたけど、東京オリンピックまではブームなんじゃないの」なんていう会話がされていて、それが妙に心地よく感じたりしてしまいます。

自分だけがつらいんじゃないんだ、みんな同じように苦労しているんだ、などと感じてほっとする社長もいるのかもしれません。

しかしそれは、言い方は悪いですが「傷のなめ合い」です。業界の外から見ると、そう見えてしまうのです。

ちょっと考えてみてください。果たして、同業者の集まりから画期的なイノベーションのヒントが得られたことがあるでしょうか。


ちょっと偉そうなことを言ってしまいましたが、じつは私も手痛い失敗をしています。

運動や芸術には才能のかけらもなく、試験勉強だけは得意だった私は、大学3年生だった1996年に司法試験に最年少合格しました。当時の司法試験合格者は最難関の国家試験と言われ、合格率2パーセントの狭き門でした。これに合格すれば一生安泰だと本気で思っていました。

弁護士登録をしてからは、弁護士として成功している先輩を見つけ、その方のまねをしようと考えました。そうすれば自分も成功できると考えたのです。

ところが、時代とともに経営環境は常に変化します。法科大学院（ロースクール）ができ、弁護士は急増して業界を取り巻く状況は激変しました。過当競争の波にさらされ、思ったようにお客様が増えず、売り上げも伸びませんでした。恥ずかしながら、不平不満を抱く毎日を送っていたのです。

そのころ私は、同世代経営者勉強会【S70's】を立ち上げました。冒頭の「S」は、刺激の「S」を意味し、「みんなで成長の刺激を与え合おう」というコンセプトだったのですが、そこで一番刺激をもらったのが主催者である私自身でした。

頑張っている異業種の取り組みや工夫を自分に当てはめると、これからの成長につながるヒントが多くあったのです。人の採用育成について、経営理念について、新規事業のはじめ方についてなど、同業者では絶対思いつかないアイデアが多く詰まっていました。

結局、**「業界の常識はお客様にとっては非常識」**なのだと気が付きました。

たとえば、法律事務所が裁判所の近くに集まっていること。当時の私は「弁護士は事務所が裁判所に近いほうが便利なのだから、これが当たり前だ」と思っていました。周りの先輩もみんなそうだったので、疑問を差し挟む余地すらなかったわけです。

ところが、異業種の経営者と話すことで、「それって、弁護士側の事情であって、お客様の利便性を考えていないよね」という当たり前のことに気付かされました。

弁護士事務所は、どこも殿様商売をしていたというわけです。

そこで、事務所を裁判所の近くからターミナル駅の駅前に移転させました。乗降客の多い駅に支店も出しました。このような取り組みはまだまだ業界では異端ですが、ほかの業界の方から見れば当たり前のことだと思います。

同じ業界の人ばかりで集まらず、異業種の人と接点をもつ、そして、他人（＝異業種）から自分たちがどのように見られているかを常に意識し続けてください。というのも、**他人からどのように認識されているかを自分で理解するのはとてもむずかしい**からです。

私は、中小企業から上場企業まで約１００社の顧問弁護士になり、どうやったら経営がうまくいくかがわかりかけてきたときに、ある人から「三谷さんは経営を語る資格はない」と言われました。

少し反発しかけましたが、「弁護士というのは世の中から裁判をやって勝ったり負けたりしている人だと思われているんだ」と言われて納得しました。それが他者認識なのです。「日本一裁判しない弁護士」「経営を伸ばす顧問弁護士」と言ったところで、弁護士である以上は「裁判をやってる法律の職人」というイメージをぬぐえないのです。

私の専門はもちろん法律ですが、一部は経営コンサルタントのようなお仕事、一部は経営者のモチベーターのようなお仕事があります。いまでは、税理士になり、上場企業の取締役にお招きいただいたことでやっと少しだけ経営を語る資格をいただけたようです。

それぐらい「他人が自分をどう見ているか」「お客様が自社をどう見ているか」は大切であり、自分だけが分かっていないことであり、だからこそ、異業種との接点をもって他者認識を得ることが大切だということです。

コラム

業界団体との付き合い方

この項目では、伸びてる会社の社長は業界団体の会合に行かないのだというお話をしました。

事実、私が親しくしている社長は、不動産業界のM社長、製造業のW社長、閉鎖的な探偵業の世界で活躍するA社長など、みな業界団体に足を向けません。業界団体をつぶしたほうが業界のためになるんだ、と言う社長がいるくらいです。

ただし、業界団体を大切にしたほうがよい場合があることも否定しません。

それは、自社が業界のトップシェアを誇るような、歴史のある会社の場合です。

このような場合は、経営環境を向上させていくために、業界自体を動かしていく責任があると言えるでしょう。

言い方を変えると、売り上げ5年で5倍を目指す伸び盛りの企業には、業界団体に顔を出している暇はないということです。

すでに緩やかな成長フェーズに入った老舗企業は、その業界のために尽くすことが自社のためにもなると言えばいいでしょうか。

私のクライアントで産業廃棄物の収集運搬をしているK社のY社長は、業界シェアナンバーワンだからこそ、業界団体を通じて業界の地位向上に尽力されています。

この業界には、反社会的勢力がはびこったという過去がありましたが、現在では、そのような勢力は会社を存続させられない仕組みができています。ですから、業界が昔のイメージで見られることは、自分たちのためにならないわけです。

運送業界で長い歴史を誇るO社のO社長は、異業種からの学びを大切にしつつ、自社の業界とのつながりも大切にしています。これから業界の再編が一気に進みそうだという機運を肌で感じ、その中で自社が渦の中心となってイニシアチブを取ろうとしているからです。

共通点20 トラブルも病気も「解決」でなく「予防」する

会社が永続的に発展するためには、大きなリスクを回避し、どんな事態になってもキャッシュが底をつかないようにしなければなりません。同じように、会社にとって社長は頭脳ですから、社長はいつも健康でなければなりません。

伸びてる会社の社長は、みんな「予防」にたけています。トラブルも病気も、上手に予防しています。

弁護士をしていると、会社のいろいろな場面に立ち会うことがあります。顧問先企業が業績を伸ばし、上場を遂げるという大成功の場面に立ち会うことがある一方で、経営に行き詰まり破産した会社の管財人に選任され、会社の清算手続きを行うこともあります。このように、最も成功したケースと最も失敗したケースの両極端を見てきました。

会社の経営も、社長の健康も、普段からトラブルを予防することが大切だと言われれば誰でもうなずくと思うのですが、トラブルを予防するために実際にお金と時間を使っている社長は少ないものです。

健康上の大きなトラブルを予防するための典型的な取り組みは、健康診断です。定期的に健康診断を受け、いまの健康状態に問題がないことを確かめておくのです。

そして、万が一健康上の問題があることが分かった場合には、早めに手を打ちます。初期の症状であれば、現代医療の力を借りることで、多くの場合は完治させることができます。

ところが、定期的に健康診断を受ける時間とお金を惜しんで、健康診断を受けない人がいます。このような人に限って、体に異変があっても「気のせいだ」と自分をごまかし続け、いよいよどうにもならないと医者にかかったときには、大手術が必要だったり、もはや手遅れだったりするわけです。

歯医者さんでも同じで、毎月メンテナンスに通えば多少の時間とお金を使うだけで、虫歯を予防できます。しかし、多くの人は「歯医者で虫歯を発見されるのが怖い」という本末転倒の理由で歯医者に通おうとしません。

そして、歯が痛いという自覚症状が出てはじめて歯医者に行くので、もうこれは削るか抜くかしか処置のしようがなくなってしまうわけです。

会社の経営にも同じことが言えます。

伸びてる会社の社長は、法律については弁護士、経理については税理士、就業規則については社会保険労務士、特許については弁理士など専門家にお金を払い、アドバイスを求めます。

自分の考えや経営が間違っていないかを定期的にチェックしてもらえますし、ちょっと違和感があるときには、すぐに親しい専門家にアドバイスを求めます。特に弁護士などは、一般的にトラブルになったときに相談するものと思われていますから、社長にとっては歯医者と一緒で「なるべく話したくない相手」になってしまいます。

なるべく話したくない相手に毎月お金を払うのはもったいないですし、トラブルになったときだけ相談すればいいと考えていますから、つい弁護士を探すのが遅くなってしまい、いざ相談したときには手遅れで、手の施しようがないという事態になってしまうのです。

伸びてる会社の社長ほど「弁護士に連絡する機会はないほどいい」と考えつつも、ちょっと気になったらいつでも気軽に弁護士に相談できるほうが、結局会社のためになることを本能的に分かっているというわけです。

私は多くの会社の顧問弁護士をしていますので、もう少し弁護士の話をさせてください。伸びてる会社は、顧問弁護士への仕事の頼み方もとても上手です。顧問弁護士への仕事の依頼で一番多いのが契約書のチェックなのですが、伸びてる会社では、「契約書のここに書かれている意味が分からないのだけど、こういうことで間違いないか」「仮にこういうケースになったときに、責任を取らなくてすむことを明確にする条項を加えてもらえないか」など、弁護士に何をしてもらいたいか、質問の趣旨が明確になっています。

一方、「自社に不利な条項がないか契約書をチェックしてください」との一言だけを添えて契約書案をメールしてくる会社は、残念ながらちょっと脇の甘い会社です。

なぜなら、どんな契約書でも不利な条項だらけで、有利にしようと思えば「もっと代金を下げましょう」「不履行のペナルティを軽くしましょう」「納期を早めてもらいましょう」などいくらでも条項を変える余地があるからです。

しかし、契約には相手がいるので、相手が了承しないのなら、不利な条項も受け入れなければなりません。

ですから、契約の当事者間で「どのような契約条件が公平であるのか」ということまで考え抜いて、将来のトラブルの可能性をヘッジできる人が会社にいなければ、本当に良い契約書はつくれません。裏を返せばトラブルを予防できる会社には、そのような考えで将来を予測できる人がいるということなのです。

コラム

運動習慣は心も整える

最近、同世代のリーダーたちの間で、ジムに通ったりジョギングをしたりと運動を日課にする人がとても増えています。

R社のA専務、A社のH社長、H社のT社長、C社のY部長なども経営者仲間で毎年同じマラソン大会への参加を恒例にして、最近私もその仲間に加えていただきました。

最近は空前のマラソンブームともいわれています。東京マラソンは出場するために毎年抽選が行われていて、次回（2017年）の出走権を勝ち取るための倍率は12倍だったそうです。

もちろん、ジョギングなど運動習慣を身に付けると体重をコントロールでき、血液検査の結果などさまざまな数値も改善され、健康状態がよくなります。しかし、運動習慣は健康維持に役立つだけでなく、むしろ精神面の健康を保つことに効果があるそうです。

ビジネスマンであればストレスがない人はいないでしょうし、リーダーになればより大きなストレスやプレッシャーがかかってきます。

しかし、運動習慣がある人は、体力に自信がもてるので困難に立ち向かえるようになること、嫌なことがあっても十分な睡眠を取ることができる生活リズムをつくれることなどから、いつもフラットな精神状態で一日の仕事をはじめられるのです。

かくいう私も数年前までは太めの体型をしており、「お金をもらっても走りたくない」などと言っていたのですが、いまではフルマラソンを10回以上完走し、１００キロマラソンにまで挑戦するようになりました。

運動をすることで心身ともに健康になる実感もありますし、最近契約をいただいたお客様からは「太っていたら契約はしていませんでした」と言われたりもしました。

運動習慣は体によし、心によし、仕事によしと、いいことだらけなのです。

共通点21 当たり前のことを当たり前にする（約束を守る）

伸びてる会社の社長は、約束を守ります。

そんなことは当たり前じゃないかと思われるかもしれませんが、その当たり前のことをやり続けることが意外と大変なのです。

約束を守るというと、納期までに製品を納めるとか、期限までに約束した代金を支払うということを思い浮かべるかもしれません。もちろん、それらも大切なのですが、もっと小さなことに社長の心がけが表れます。

たとえば、約束の時間に遅刻しないとか、折り返しの電話をすぐ入れるとかそういったことです。伸びてる会社の社長は例外なく忙しいものですが、忙しい人に限って時間にルーズな人はいませんし、マメに連絡をくれるものです。

私は、2010年から主催している【S70's】という同世代経営者勉強会で、これまでに3000人を超える経営者の皆様と交流しました。会の幹事役として裏方の仕事をしていますと、一般のメンバーとして会に参加しているときとは違った悩みや発見があります。

たとえば、以下のようなことです。

・会の開催案内の連絡をすると、必ず出欠の返事をくれる人と、いつも返事を返してくれない人がいる。

・毎回一定の割合でドタキャンが発生する。そして、じつはドタキャンをするのは、いつも特定の数人の中の誰かである。

・時間に余裕をもって定刻前に会場に到着するメンバーはいつも共通で、逆に遅刻をしてくるメンバーもいつも共通している。

もっと本音を言ってしまうと、「またあの人はドタキャンするのではないか」「どうせ彼はまた遅刻だろう」ということが予想できるようになるのです。

伸びてる会社の社長はいつでも必ず出欠の連絡をくれますし、ドタキャンや遅刻をしません。会社が急成長していて忙しいであろう社長ほど、必ず定刻に会場に到着しているのです。

一方、出欠の連絡をくれない方へ催促したときの返答や、ドタキャン、遅刻をする際の連絡には、以下のようなお決まりのパターンがあります。


「残念ながら先約があり、伺うことができません。盛会をお祈りしております」

「急な業務が入ってしまい、本日伺うことができなくなってしまいました。楽しみにしていたのに残念です」

「帰りがけに電話が長引いてしまい、遅刻してしまいます」


もしかしたら、あなたにも心当たりがありませんか。

このようなメッセージをもらうと、会の主催者としてはちょっと意地悪に以下のようなことを考えてしまいます。

「先約があったなら、もっと早く欠席の連絡をできたはずではないか。しかも、この会の案内は3カ月前に予告しているのに、それより早くからの先約って本当だろうか」

「この会を楽しみにしていたという割には、先に約束していたこの会よりも急な業務を優先してしまうのだな」

「社長は自分のスケジュールをコントロールできる立場のはずなのに、電話が長引くということは時間を守る気がなかったのだな」……など。

結局、**このような小さな約束を守れる人が、人から信頼される人です**。このような小さな約束を守れる人は、当然大きな約束も守れるに違いありません。**相手は「自分が大切にされている」と感じますから、当然「相手のことも大切にしたい」と感じます**。友人にも、取引先にも、社員にも、お客様にも信頼されますから、当然業績も伸びていくわけです。

何度もお話しするように、どんなに優秀な社長でも、社長一人でできることには限度があります。会社が大きく成長するためには、社員の手助けや取引先の協力、お客様の応援が必要です。結局、**会社がどこまで成長するかは、その社長や会社が、社員、取引先、お**

客様など、どれだけ多くの人から応援されるようになるかにかかっているのです。

小さな信頼関係を大切にできない人が、大きな信用を得ることはできません。

私も、ちょうど職場を出ようとしたときに電話が鳴り、事務局から「○○さんからお電話です」と取り次がれることがあります。このようなときに電話に出れば、明日以降に電話をかけ直す必要がなくなりますから、1つ仕事を片付けることができます。

しかし、いったん電話に出てしまうと何分で話が終わるか分からず、次のアポや会合に遅刻してしまうかもしれません。私は、自分が会の主催者として感じた経験から、このような場合に「電話に出て片付けることができた1つの仕事」で得たものよりも、「遅刻することで失った信頼」のほうが大きいことがよく分かりました。

ですから、このようなケースでは、後ほど電話をかけ直すことを伝えてもらい、遅刻しないようにアポや会合に向かうよう心がけています。

コラム

約束を守る人は待ち合わせ時間に決して遅れない人

私が主催・運営している、同世代経営者勉強会【S70's】のもう1人の主催者、株式会社JMCの渡邉大知社長とは、すでに10年近い付き合いです。

彼とは会の打ち合わせで頻繁に顔を合わせるほか、お互いに人を紹介し合ったり、お互いの会社の経営の相談をしたりするために、よく待ち合わせをします。彼の会社も、目を見張るほどの急成長を遂げている最中で、毎日分刻みのスケジュールをこなしており、私からアポをもらって時間を取ってもらうのは恐縮してしまうくらいです。

しかし、彼との待ち合わせ場所に行くと、必ず彼が先に到着しているのです。私は、たまには先に到着していないと失礼かなと感じ、待ち合わせ場所に5分前に行くとやっぱり彼はいるのです。次は10分前に到着しようと早めに家を出ても、結果は同じでした。

結局、彼が何分前に待ち合わせ場所に到着しているのかは分からずじまいで、私は「きっと、彼はいつも前日から待ち合わせ場所で待機しているんだ」と冗談を言っていますが、それぐらい約束の時間を大切にしているのでしょう。

もちろん、待ち合わせ場所で暇そうにしていたり、スマホのゲームで時間をつぶしているようなことはありません。忙しそうにメールを打ったり、電話をしたりしているのですが、絶対に待ち合わせ時間に遅れることはないのです。

共通点22 自分を本気で怒ってくれる人にお金を払う

伸びてる会社の社長は、自分を本気で怒ってくれる人を大切にします。自分と反対の意見をよく聞き入れますし、お金を払ってでも自分を叱ってくれる人が必要だと考えています。

自分と違う意見を言われたときや、人から怒られたときは、決して気分のいいものではありません。

しかし、そのときに反発してしまう人と、素直に「貴重な意見を言っていただきありがとうございます」と言える人では、その後の成長に大きな差が出ます。

そもそも、大人の社会では、わざわざ相手に「もっとこうしたらいいのではないか」と意見を言ったり、「それは違うのではないか」「頑張りが足りないのではないか」などと叱ったりはしません。

そのような考えは、胸にしまい込んで「すごいですね」「頑張っていますね」と言っておけば、人間関係はそれなりに円満に築けるからです。

それにもかかわらず、あえて相手に意見を言うのは、「この人ならもっとこうすればよくなるに違いない」と期待しているとともに、「この人なら自分の意見を受け入れてくれるだろう」と信頼している証なのです。


反対意見や苦言を呈されるということは、自分がけなされているということではなく、これからの伸びしろや成長の方法を教えてもらっているということなのです。

ですから、伸びてる会社の社長はお金を払ってでも、反対意見や苦言をほしがるのです。クライアントの中でも伸びてる会社の社長ほど、私に対して「三谷さん、いつでも私に厳しいことを言ってください」「三谷さんが私に迎合したら、顧問契約を解除しますからね」と言います。

私も、顧問料をいただきながら苦言を呈するのは申し訳ないと感じるのですが、やはり「この会社（社長）はもっと伸びる」という期待と「この人なら聞いてくれる」という信頼をベースに、自分の意見を申し上げています。

ところで、耳が痛い話をされたときの人の反応は、おおよそ以下の4つに分かれます。

①反発する人

独裁的な経営をするワンマン社長などに見られるタイプです。

反対意見を言われても「自分は間違っていない」「意見を言う相手が間違っている」などと言い、逆ギレするタイプです。次第にその人の周りには「YESマン」以外寄りつかなくなります。

②下を向いてうなだれる人

批判されると「シュン」としてしまう打たれ弱いタイプです。

意見を言ったほうが「悪いことをした」と罪悪感を感じてしまうので、次第に厳しい意見を言ってくれる人がいなくなります。

③右から左に聞き流す人

何を言われても、聞いているようで頭に入っていないタイプです。

同じことを何度言われても行動が変わりませんから、結果も変わりません。

④素直に聞く人

もちろん、一番成長するタイプの人です。

聞く耳をもっていますから、周囲の人はいつでも真剣に、その人のためを思って意見を言います。

偉そうに話を進めてしまいましたが、ここまで読んでいただいたみなさんは絶対に大丈夫です。何せ、わざわざ本書をお買い上げいただいてまで、私の意見を聞いてくださる熱意をおもちなのですから。

では、本項の最後に、なぜ自分の考えだけで経営するのではなく、他人の意見を聞く必要があるのかについてお話ししたいと思います。

これは、本章「共通点19」でもお話ししたように、**他者認識が大切**だからです。「**自分の欠点や伸びしろ、第三者からの印象」は、自分以外の他人にはよく分かりますが、自分**

だけはよく分かっていません。これは残念ながら、すべての人に共通しているのです。

ですから、自分が他人からどう見えているか、自社が他社からどう見えているかについては、常に外部の意見を聞いておく必要があるのです。

分かりやすい例をお話しすると、史上最長683週にわたって世界ランキング1位に君臨したゴルフ界のスーパースター、タイガー・ウッズをはじめ、ゴルフのトッププロには、みんな専属コーチがいます。

トッププロたちも、自分のスイングを唯一客観的に見ることができないのが自分自身であることをよく分かっているため、第三者の目であるコーチにお金を払い、アドバイスを求めているのです。

もちろん、どのコーチもトッププロよりゴルフは下手です。それでも、プロはコーチにお金を払い、アドバイスを求めているのです。

コラム

クレームにはビジネスチャンスが潜んでいる

みなさんの会社では、「顧客満足度調査」を実施していますか。

ファミリーレストランなどでは、「味」「接客サービス」「提供までの時間」など、項目ごとに5段階で評価するアンケート用紙が席に置かれているのを見かけます。

このような取り組みを、さまざまな会社が導入しています。

お客様から高い評価を受ければテンションが上がりますが、逆に直接お叱りを受けるのはつらいもので、つい目を背けたくなります。しかし、お客様の不平不満こそ、自社の改善すべき点を教えてくれる宝の山なのです。

そもそも、お客様は、このようなアンケートに答えることなく「二度とこの会社の商品（やサービス）は買わない」と心に誓い、黙って立ち去ることができます。それなのに、わざわざアンケートに答えて不平不満を言ってくれたのは、この会社にまだ期待していることの表れなのです。

私の知人で、おもしろい事業を立ち上げたO社長を紹介します。

O社長はなんと、インターネット上のサイトやスマホのアプリから、さまざまなクレームや不満を投稿してもらい、その投稿に対して1件50円の報酬を支払っているのです。つまり不平不満を買い取っているわけです。

O社長は、「人は不平不満をどこかに発言することによって、ストレスを解消できるので、それを買い取ることにした」と話していましたが、もちろんこれだけではビジネスになりません。この会社は集めたクレームや不満を、対象となった会社や同業他社に売り込み、購入してもらうのです。

不満を言われた会社や、同業者にとっては、このような情報は業務を改善するヒントのかたまりですから、お金を払ってでも手に入れたいわけです。

何ともよく考えられた、おもしろいビジネスだと思いませんか。

共通点 23 自分以上に高い志をもつ仲間がいる

伸びてる会社の社長は志が高いだけでなく、周囲にそれと同じかそれ以上に高い志をもつ仲間がいます。

「類は友を呼ぶ」という言葉がありますが、人は自分をしっかりもっているようでも、どうしても周りの環境に影響を受ける側面があります。古今東西、このような例は挙げだすときりがありません。

たとえば、幕末の討幕運動と明治維新の中心になったのは、薩摩藩と長州藩でした。みなさんもご存じのとおり、薩摩藩の西郷隆盛、大久保利通や長州藩の高杉晋作、伊藤博文、木戸孝允など現在の鹿児島県と山口県の政治家たちが近代日本をつくり上げました。

では、なぜ、明治政府をつくり上げたメンバーが鹿児島県と山口県に集中したのでしょうか。ほかの地域には、優秀な人材がいなかったのでしょうか。

これは推論も含んでいますが、おそらくはそうではなく、環境が大きく影響したのだと思います。もともと優秀な人たちが集まっていたのではなく、勉強熱心で熱意のある仲間たちが切磋琢磨するという環境によって、日本を代表するリーダー集団が生まれたわけです。

このように、「環境」が結果に影響するという現象は、チームスポーツによく見られます。プロ野球やJリーグなどでも、上位にいるチームは連勝を続け、なかなか負けませんし、下位のチームはずるずると連敗を繰り返します。

では、上位のチームと下位のチームでそれほど実力差があるかというと、そこは互いにプロですから、力は紙一重なのです。評論家の順位予想がなかなか当たらないことが、これを証明しています。

つまり、実力差よりチーム内の環境や雰囲気が結果につながっているのです。スタートダッシュに成功したチームは、「自分たちは行けるぞ」と思っていますから、よりチームは結束し、きわどいシーンで集中力が途切れず接戦をものにします。ファンも熱のこもった声援を送りますから、選手たちもますます乗ってきます。

逆にスタートダッシュに失敗した下位のチームは、「今年はダメだ」と考えてしまいますから、勝負所で集中力が切れ、手痛いミスをしてしまいます。ファンからはヤジが飛んできますから、ますますモチベーションが下がるという悪循環に陥ってしまうのです。

少し話がわき道にそれましたが、それくらい環境は大切です。ですから、自分の周りに、自分以上に志の高い仲間がいることが大切です。

稲盛氏は「失敗は試練であるが、成功もまた試練である」と言っています。「勝って兜の緒を締めよ」ということわざがありますが、人は成功するとつい満足してしまい、自分を肯定してしまうので、それまでの努力をやめてしまったり、怠けてしまったり、周りに自慢して嫌がられたりしてしまいます。

そのようなことがないように、成功しても「謙虚にして驕《おご》らず」という気持ちを忘れないようにしなければなりません。

この気持ちを忘れないようにするためには、自分より高い志をもっている仲間がそばにいるのが一番です。

「おれは頑張った」と自分で自分をほめたくなるときに、となりの仲間がもっと頑張っていたら「おれもまだ頑張れる」と思えるわけです。

リオオリンピック競泳400m個人メドレーで、見事金メダルを獲得した萩野公介選手は、銅メダルを獲得した瀬戸大也選手と小学生時代からのライバルで、何度も同じレースで対戦し、勝ったり負けたりを繰り返してきました。

このような相手が常に近くにいたからこそ、厳しいトレーニングを積んでもそれに満足することなく、大きなケガをしてもあきらめることなく、世界の頂点に立つことができたのです。

現在、アメリカツアーで3勝をあげているゴルフの松山英樹選手も、15歳で日本ツアー初優勝し、そのほかにも数々の最年少記録を打ち立てた同学年の石川遼選手という好敵手がいたからこそ、より高い志を貫けたのだと思います。

よく、経営者は孤独だといわれることがありますが、決してそんなことはありません。

高い志をもつ経営者の周りには、高い志をもつ経営者が集まっています。ですから、あなたも自社の経営を伸ばしたいと考えているなら、ぜひ、そのような高い志をもつ経営者集団を探し、そこへ飛び込んでいってみてください。

コラム

利益追求は社会貢献の心があってこそ

日本全国、いろいろなところに志の高い経営者の集団はあると思いますが、私が所属し学んでいる盛和塾もその1つだと思います。

塾長の稲盛和夫氏は京セラを創業したときから、「京都で1番、日本で1番、世界で1番の会社にする」という高い志をもって仕事に打ち込み、それを実現させせました。

それだけでなく、その後KDDI（au）を創業し通信業でも成功し、日本航空（JAL）を再生させて世界一の航空会社にしました。

第2章「共通点7」のコラムでも紹介したH社長も、そんな志の高い経営者の一人です。周囲の仲間を巻き込み「チーム5年で5倍」を結成。本気で売り上げを5倍にすることを考えることで、どんなに成長しても満足しない（できない）という磁場をつくりました。

もちろん、志の高さというのは、数字（売り上げ）だけではありません。自社だけが儲かればいいと考えている会社は、結局ファンが増えず、大きく経営を伸ばすことができません。

医療系IT企業を経営するS社長に、「5年後はいまの売り上げが何倍になっていますか」と質問したところ、「10倍から100倍です」と即答され、思わずうなってしまいました。

彼は、世界で10億人が使う医療プラットフォームをつくることを目指していて、それにより世界中の患者の命を守りたいと考えています。そのような「世の中をよくしたい」という純粋な思いがあるからこそ、多くのファンがついてくるのです。

共通点24 「知っている」だけでなく「やっている」

伸びてる会社の社長は、伸びるヒントを勉強しているだけでなく、すぐに取り入れて試しています。

会社が伸びるためには、誰より社長が「伸びたい」と思っていなければなりません。ただ**成長意欲があっても、伸びる会社と伸び悩む会社があります。その違いは結局「やっているか、やっていないか」です。**

「何を当たり前のことを言っているんだ」と思われるかもしれませんが、私がこれまでに延べ1万社の社長を見てきて、1つ大きな発見がありました。

みなさんは「**2－6－2の法則**」という言葉を聞いたことがあるでしょうか。これは、どのような母集団を取り出しても、その集団は、「優秀な2割の人」「普通の6割の人」「パッとしない2割の人」で構成されるという理論です（80対20の法則を提唱したパレート理論の派生形といわれています）。

これが、ものの見事に経営者にも当てはまっているのです。すなわち、以下のように「2－6－2」の経営者がいるのです。

・**2割**＝成長意欲旺盛で、積極的に自社を伸ばすために勉強し、学んだことを実践する結果、実際に経営を伸ばしている社長。
・**6割**＝成長したいと願い、勉強もしているが、行動が変わらずいつもの毎日を繰り返すために現状維持から脱却できない社長。
・**2割**＝どうすれば成長できるかを学ぼうとしないため、会社が長続きせずどこかで破綻する社長。

私が所属しているいくつかの経営者勉強会でも、私が主催している経営者勉強会でも、会の目的はただ1つ、「自社の経営を伸ばすこと」です。このような会に参加する経営者は、みな真面目な人たちばかりです。会に通い続けているということは、その会を気に入っているということですし、自分にとって学ぶものがあると思うからこそ通っているはずです。ただ酒を飲みながら自慢話をしているような、「下位2割」の経営者はこのような勉強会にはいません。

勉強会の帰り道では、こんな前向きな言葉がよく聞かれます。

「今日聞いた話は刺激を受けた。自分も頑張ろう」

「やっぱり自分はまだまだできていない。反省しなきゃな」

「よし、自分ももう一度、計画を練り直そう」


しかし、大切なのは次の日からです。

「学びを得た」という満足感で気持ちよくなってしまい、次の日からも前の日と同じ行動、同じ仕事をしてしまう経営者がじつは6割もいるのです。

会社を伸ばす2割の経営者になるためには、前の日の学びを生かして具体的に（考え方だけでなく）行動を変えなければなりません。結果が変わるのは考え方が変わったからではなく、行動が変わったからにほかならないからです。


勉強会から刺激を受けたり、反省したりするだけでなく、以下のように考える必要があります。

・伸びてる会社の社長は、自分よりもっと働いている。今日から出勤時間を1時間早めよう。
・うちの会社にはまだまだ削減できる経費があった。まずは家賃を減額できるか大家さんに掛け合ってみよう。

・ウェブ集客のためには、専門知識のあるスタッフを社内に入れる必要がある。さっそく転職サイトに求人情報を掲載しよう。

そして、すぐに（つまり今日）以下のように行動を起こす必要があります。

・実際にこれまでより1時間早く出社する。
・大家さんに電話をかける。
・転職サイトにお金を払って求人情報を掲載してもらう。

今日からやるか、明日からやるか、来週からにするか来月からにするか、それともいずれやろうと考えて結局やらないか、どの選択をするかで成長のスピードが違うからです。

すべての成果の原因は「いつまでに」「何をするか」に集約されます。

伸びてる会社の社長はすぐに決断し、すぐに行動していることは、第1章「共通点4」でもお話ししました。伸び悩んでいる会社の社長は「こうしたほうがいい」と思っても、勇気が出なかったり、リスクやデメリットばかりに目が行ってしまい行動ができません。

以下のように、無意識のうちにできない理由や、やらないための言い訳を考えないようにしてください。

・毎日1時間早く出勤するには睡眠時間を削るしかないが、本当に続けられるのだろうか。

・家賃の減額交渉をすると、大家さんとの関係が気まずくなってしまうのではないだろうか。

・ウェブの専門知識があるスタッフを入れると人件費が増えてしまい、経営を圧迫してしまうのではないだろうか。

期限の大切さについては、第2章「共通点7」でも詳しくお話ししました。「**いずれこうしよう**」「**いずれこうなりたい**」の「**いずれ**」**は、永遠に来ません**。「来年は会いたいね」「今度飲みに行こう」「何かでコラボしよう」といった言葉を使わないように、注意してください。

コラム

やり続けた未来《さき》に成長がある

「新しい技術を開発して製品化した」「画期的なサービスを展開して業界にイノベーションを起こした」などのニュースを聞いて、「じつは自分も考えていた」とか「おれのほうが先に気付いていた」という人がときどきいます。それは本当のことかもしれませんが、おそらくほかにも「先に気付いていた」人は多くいるのだと思います。

しかし、「最初に画期的なアイデアを思いついた社長」ではなく「最初に画期的なアイデアを行動に移した社長」が業界でイノベーションを起こし、会社を成長させるです。

そのくらい「知っている」ことと、「やっている」ことには大きな違いがあるということです。

言い換えれば、当たり前と思われることでも本当にやり続けることで、会社は飛躍的に成長していくということです。

第1章 第2章 第3章 第4章 第5章 第6章

経営破綻し、会社更生法の適用となった日本航空（JAL）の会長に就任した稲盛氏は、京セラの創業当初から大切にしてきた考え方をまとめた、「京セラフィロソフィ」だけを携えて日本航空の再建に当たりました。

最初、日本航空の幹部や社員たちのフィロソフィに対する反応は「当たり前のことばかりじゃないか」「なんでいまさら小学校の道徳みたいなことをやらなければならないのだ」といったものだったそうです。

しかし、そのような当たり前のことを行動に移した結果、奇跡のV字回復を遂げ、日本航空は世界一収益性の高い航空会社に生まれ変わりました。

私の「京セラフィロソフィ」に対する第一印象も、まったく同じものでした。書かれていることはすべてうなずけるけど、どれも当たり前のことばかりだと感じたのです。もっと正直に言ってしまうと、「カリスマ経営者」と呼ばれる稲盛氏のすごさが分かりませんでした。

ところが、その後稲盛経営哲学を学ぶことで、その印象が何とも浅はかなものだったと反省しました。

「誰にも負けない努力をする」「謙虚であり続ける」「感謝の気持ちをもつ」「日々

反省する」。これらは、活字にするとどれも当たり前のことですが、すごいのはこの大切さに気付いたことではなく、これを実行していることなのです。

しかも、何十年もの間、変わらず継続して実行していることです。

京セラがこれまで一度も赤字を出さずに成長を続けている根源は、ここにあったのです。

おそらく、読者の中にも「この本に書かれていることは当たり前のことばかりだ」と感じている方がいらっしゃるのではないでしょうか。確かにそのとおりです。

あとは迷わず行動できるかどうかです。行動すれば必ず明るい未来があることをお約束します。

第6章

伸びてる会社の社長の仕事観

共通点25

私利私欲がない

伸びてる会社の経営者は、私利私欲で経営していません。社員のため、お客様のため、世のため人のために寝食を忘れて仕事をしています。


読者の中にも、経営者や個人事業主の方がいると思います。

もしあなたが、起業したのだとしたら、それはどのような動機、きっかけでしたか。

たとえ起業ではなく、親の会社の経営を承継したとしても、親の会社を引き継ごうと決めたとき、どのような思いがめぐりましたか。

たとえば、こんな考えはありませんでしたか。

・社長になって誰にも指図されずに仕事がしたい。
・お金持ちになりたい。
・社員に仕事をやらせて自分は楽をしたい。
・高級車を買えるようになりたい。
・広い家に住みたい。

お恥ずかしい話ですが、じつは、私が司法試験を受けて弁護士になろうとしたとき、そして独立して自分の事務所を立ち上げたときも、このような考えがありました。

私は決して裕福でない父と、倹約家の母の家庭で育ちました。勉強だけは得意だった私は、中学受験をして慶應義塾の中学校に進みますが、世はバブルの絶頂期。周りの友だちは金回りのよい家庭の子どもばかりで、私とはおこづかいの額が1ケタ違っていました。私は「うちの家庭は貧乏だ」というコンプレックスを感じる毎日を送っていたのです。

ですから、当時、合格率2パーセントの司法試験に最年少で合格した私は、「これでたくさんお金を稼ぐことができる」「コンプレックスを払拭できる」と考えてしまったわけです。

起業した当初は、働く動機がこのような「私利私欲」でも、がむしゃらに働けば売り上げは伸びていきます。

しかし、早ければ1年、遅くとも5年でその伸びは必ず鈍化し、やがてスランプに陥ってしまいます。理由ははっきりしています。

本当に事業を伸ばそうと思ったら、社員の力を借りなければなりません。いくら社長の能力が高くても、１人でできることは限られているからです。

経営を最速で伸ばそうと思ったら、できるだけ多くの社員に力を存分に発揮して働いてもらう必要があります。

ところが、社長が「金持ちになりたい」とか「楽をしたい」「高級車を買いたい」と考えて仕事をしていたら、そんな社長のために社員は一生懸命仕事をしようという気になるでしょうか。ならないですよね。

このことは第4章「共通点17」でもお話ししました。

ですから、経営を大きく伸ばしたいのであれば、自分がいい思いをするために働くのではなく、社員やお客様にいい思いをしてもらうために努力してください。

ここまでお話ししても「いやぁ、それは頭では分かるんだけど、どうしてもお金がほしいし、いい思いをしたいという気持ちが抜けないんだよ」とおっしゃる方がいます。

しかし、その思いを捨てて頑張り、社員が結束してくれて会社の売り上げが上がったとしたら、どのようなことが起こるでしょうか。

結果として、社長の役員報酬も上がります。この「結果として」というのがポイントです。**伸びてる会社の社長ほど、会社の売り上げや利益には執着しますが、自分の収入には**

無頓着なのです。

このように、自分のためでなく、人のために働くことは「情けは人のためならず」ということわざでも表されますし、仏教の世界では「自利利他」というそうです。

さらにもう1点、お話させてください。

社長が「社員にいい思いをしてもらいたい」と思って頑張ると、社員にやる気が出て会社に活気が出る、これは事実です。しかし、それだけではまだ足りません。

その会社と社員だけがいい思いをすればいいと考えると、お客様には「この会社は自分のことしか考えていない」「わがままで（利他でなく）利己のかたまりだ」という印象を与えてしまいます。

ですから、以下のように考えなければなりません。

- 社長は自分の利益より社員の幸せ。
- 社員は自社の利益よりお客様の喜び。
- 会社はお客様への貢献だけでなく社会への貢献。

これにより、**会社は多くの人に応援され、ファンが増え、結局売り上げと利益が伸びるのです**。

たとえば、通信事業会社を立ち上げた社長がいたとします。以下のどちらの考え方が企業を大きく成長させるか、もうお分かりだと思います。

・この社長が「自分が少しでも広い家に住みたい」と考えて起業したか、「社員に少しでも多くの給料を払いたい」と考えて起業したか。

・この会社が「少しでも自社に多くの利益を残したい」と考えて値決めをしたか、「少しでも多くのお客様に本当に喜んでもらいたい」と考えて値決めをしたか。

・この会社の理念を「格安の通信料でお客様にメリットを与えること」に定めたか、「格安の通信料を国内に浸透させることで国際競争力をもたせ、日本企業に世界で戦える体力をつけさせること」に定めたか。

1984年に創業し、現在約4兆4000億円の売り上げと8300億円の営業利益を誇るKDDI（au）が後者であったことは、言うまでもありません。

コラム

誰のための上場ですか?

起業した人の大きな目標の1つが、上場(株式公開)ではないでしょうか。

しかし、この上場も、創業者によってさまざまな動機付けがあります。

かつて、創業者にとって、上場を目指す最も分かりやすい動機付けは「創業者利益の確保」でした。上場と同時に創業者がその持株を市場に出すと、少なくとも億単位で、場合によっては天文学的な金額が入ってきます。

しかし、この上場益を獲得するための上場は、結局のところ「私利私欲」の上場です。上場して富を得たことで、急に経営者がそれまでのやる気を失ってしまったり、上場して公器となったはずなのに、利己の経営をする創業家に社会の応援が集まらず、その後の経営が伸び悩むケースが少なくありませんでした。

最近では、長く続くデフレ不況の影響と日本企業全体の国際競争力低下から、以前ほどの上場利益は確保できなくなり、私利私欲で会社を上場させる経営者はあまりいなくなりました。

私のクライアント企業であるM社は、数年前に上場を果たしました。創業メンバーのHさんは当時から「上場で資金を調達して、新しい事業に投資し、会社の成長に弾みをつけたい」と言っていました。

実際に上場を果たした後も、「上場をしたことで会社の信用が上がり、大手との取引が一気に増えた」「優秀な人材が入社を希望してくれるようになった」「住宅ローンが通りやすくなって社員が喜んでいる」と、さらに経営を伸ばす土台ができたことを喜んでいました。もちろん経営に対する熱意は増すばかりで、近々東証一部に市場替えを果たすようです。

K社も最近めでたく上場を果たしました。K社のT社長はもっとシンプルに「上場という高いハードルがあるから単純に挑戦してみたかった」と言っていました。「そこに高い山があるから、登るんだ」というわけです。「会社と社員に社会性（信用力）をつけてやりたい」ともおっしゃっていました。

K社の場合も上場の動機が利他なので、社員の惜しみない協力が得られ、周りが驚くほどあっという間に上場のハードルを越えていったのです。

共通点26

他責でなく自責

伸びてる会社の社長は、会社に起こることのすべてについて、社長自身に原因があり、社長自身の責任だと考えています。

ミスした社員がいると、「どうしてそんなこともできないんだ！」と怒り出す社長がいます。

また、「本当は教えなくても気を利かして動いてくれなければ困るのに、うちのスタッフは教えたこともそのとおりやってくれない」「社長であるおれがこんなに働いているのに、社員は勤務時間中もサボっているし、定時に帰るは、有休は取るは、嫌になっちゃうよ」などと愚痴を漏らす社長もいます。

このような会社では、社員は陰で、「うちの社長はいつでも気分で怒り出す」「どんなやり方をしても仕事の仕方にケチをつける」「いくら頑張っても査定に反映させてくれない」と愚痴を言っているのです。

お客様や取引先との関係でも同じです。

「なんで、あの会社はうちの仕事を値切ってくるのだ。ケチな奴だ」「あいつはいつも納期ぎりぎりになって、やっつけ仕事をしてくる」などと文句を言う社長の会社に対しては、相手も陰で「あの会社はいつも大した仕事もせず高い代金を吹っかけてくる」「あの会社はいつも無理な納期を押しつけてくる」と文句を言っているのです。

トラブルやうまくいかないことを他人のせいにする人は、常にイライラしています。社員に思ったように動いてほしい、お客様にもっと評価されたい、自分でそう考えても、他人の動きや考えは変えられないので、ストレスになるのです。

恥ずかしい話ですが、独立したころの私がすべてを人のせいにしてイライラしていたのでよく分かります。

その後私は、稲盛氏から「会社の中で起きることはすべて社長のせいである」と教わりました。先輩経営者からも、「社員がミスをするのも、お客様に評価されないのもすべて社長のせいだ」「空が青いのも、明日雨が降るのも社長に原因があると考えたほうがいい」と言われました。

空の色や明日の天気の話は極端かもしれませんが、確かに社員がミスをするのは、ミスが起きないように仕事の進め方を指導できていない上司に責任がありますし、ミスが起こらない仕組みをつくることができない社長の責任だったのです。

お客様から十分な評価を受けられないのは、社長（会社）の努力がお客様の期待するレベルに達していないという努力不足であって、そこでお客様に不満をもつのは傲慢な逆恨みというものです。

「そうは言っても、なかなかそういう考え方になれないよ」という方もいるかもしれません。

しかし、**すべてのことを自分に原因があると「自責化」できるようになると、他人のせいだと他責化していたときに感じたストレスから解放されて仕事が楽しくなります。**なぜなら、社員がミスしても、お客様が評価してくれなくても、**すべて自分のせいだということは、裏を返せば自分がもっと努力したり、考え方を変えたりすれば改善されるということ**だからです。

他責化の思考だと、自分がコントロールできないことで悩んだりストレスを感じますが、自責化の思考だと、すべては自分でコントロールできることで、自分さえ頑張ればいいと考えられて気が楽になるのです。

さらに、**自責化の思考の人は、うまくいかないことを人のせいにしませんから、自然と社員やお客様など、他人に対して感謝の気持ちが湧いてきます。**「社員が頑張ってくれるから、多くの仕事を同時に進行させられる」「お客様が評価してくださるから、今月も給料を支払うことができる」と考えられるので、さらに社員はやりがいをもって仕事を頑張り、お客様は口コミであなたの会社の商品やサービスを広めてくれます。

たとえば、財布をなくしたことに気付いたときに、「財布を盗られたに違いない」と考えるか「うっかり財布を落としてしまった」と考えるか、それは考え方の違いだけではありません。怒りとストレスに満ちた日々を送るか、感謝と努力に満ちた日々を送るかの違いとなり、周囲が協力してくれない社長になるか、みんなが応援してくれる社長になるかという違いになるのです。

コラム

自責化の仲間たちに支えられて

私が主催している同世代経営者勉強会【S70's】には、これまでに延べ3000人の経営者に参加していただきました。

参加する経営者の特徴をひと言で表すと、とにかく前向きで熱いのです。手前みそな言い方ですが、本当に素晴らしい経営者が集う場になりました。もちろんそれは私の手柄などではなく、素晴らしい経営者がまた素晴らしい経営者仲間を連れてきてくれる、その連鎖だけで成り立っています。

【S70's】に集まる経営者たちは、うまくいかないことを他人のせいにしない「自責化」の集団でもあります。

ミスを社員のせいにしない、売上減をお客様のせいにしないのは当然ですが、うまくいかないことを景気や規制・制度、業界、社会情勢のせいにもしません。

結局、会社が伸びないことを他責化して誰かのせいにすることは、言い訳をつくり、自分を正当化しているだけなのかもしれません。

共通点27 勇気がある

伸びてる会社の社長は、みんな勇気の持ち主です。

起業して会社を立ち上げ、軌道に乗せることは大変ですし、その後も会社を成長させる過程はハプニングの連続、安泰な会社などありません。人ははじめての経験や決断をするときに不安を感じます。

ですから、経営は襲いかかる恐怖心と戦う日々といっても過言ではありません。当然このような疑問が湧いてきます。

・勤めている会社を退職して自分で会社をつくっても、やっていけるだろうか。
・設備をそろえるために銀行から融資を受けても、本当に返済できるだろうか。連帯保証人の判を押しても大丈夫だろうか。
・もっと売り上げを伸ばすために、今年は営業部員を一気に3人採用したいけど、10人の会社が一気に3人も採用して給料を払えるだろうか。
・新規事業を立ち上げたいけど、本当に市場は受け入れてくれるのだろうか。

これらすべての問いに正解などありませんし、どこにも成功の保障などありません。ですから、不安のない経営者はいませんし、勇気がなければ社長は務まらないのです。

よく、経営者の間では「人が先か、金が先か」という議論がなされます。

仕事が増えて忙しくなってから人を増やすべきか、仕事を増やし売り上げを伸ばすためにまず人を増やすべきかという議論です。

伸びてる会社の社長は、例外なく「後者」の意見です。そして、残念ながら前者の意見を言う社長の会社は、いつまでたっても仕事が増えて忙しくなることはなく、人を増やすこともありません。

高い目標の大切さについては、第2章「共通点7」でお話ししましたが、本当にどうしても実現したい目標があれば、その実現のために何人の社員が必要なのかを逆算し、そのためにどのように売り上げを増やせばいいのかも必死に考えて手を打ちます。

人手が足りないわけではないのに、社員を採用して固定費を増やすのは大きなリスクだ、と考えるようでは、大きな成長は期待できません。

もちろん、**ここでいう勇気とは、失敗することを考えず何の計算もせずに突き進むこと**

ではありません。リスクを考えず猪突猛進することは、破滅に向かって突き進むようなものであり、成功する確率は万に一つもありません。

ですから、勇気をもって前に進む前に、少しでも成功確率を上げ、失敗するリスクを減らす戦略を考えて、事前準備をしなければなりません。

そこで、戦略を立てる上で一つ気を付けなければならないことがあります。

それは、相談相手です。

起業や経営について相談すべき相手は、成功している経営者や結果を残している経営者など、実績がある人です。

新規事業の相談なら新規事業の立ち上げが上手な人、採用の相談ならどんどん採用を増やしている会社の社長、借金の相談なら銀行から上手に資金調達している人ということになります。

逆に、相談してはいけない相手は、あなたの奥さんやサラリーマンの友だちなどです。起業や採用、借金などをした経験がない人が、あなたに的確なアドバイスなどできるはずがありません。

もし、あなたが奥さんやサラリーマンの友だちに新規事業や採用、借金の相談をしたとしたら、きっと「そんなリスクを冒す必要はない」「借金は危ないからやめておけ」と言われるのが関の山です。前向きな話が出てくる可能性は、ほとんどありません。

弁護士をはじめ、いわゆる「士業」と呼ばれる業種は、比較的小規模の事務所が多く、大きく経営を伸ばそうという経営者が少ない印象を受けます。むずかしい試験に合格し、資格によって守られているからなのか、経営者のマインドも守りになってしまいがちです。

私は後輩の弁護士たちには、次のように伝えています。

「弁護士になろうと志した時点で、試験に合格する確率のほうが低いのに、なぜ自分は受かると信じて勉強を続けられたんだ」

「試験を受ける時点ではそんなに勇気があったのに、受かった瞬間に守りに入るのはおかしいだろ」

「あのときの勇気を思い出せ。できると思えば何でもできる」……と。

集団で生活をするペンギンたちの中で、群れを率いて最初に海へ飛び込むペンギンを「ファーストペンギン」と呼ぶそうです。

ファーストペンギンが海に飛び込むと、ほかのペンギンたちも続々と海に飛び込んでいきます。

ぜひあなたも勇気をもったファーストペンギンとなり、無限の可能性が広がる海に飛び込んでみてください。

コラム

アスリートと経営の意外な共通点

私の周りには、「あるスポーツ」の元プロや経験者、現在もトレーニングを続けているという経営者が多くいます。どんなスポーツだと思いますか。

正解は、ボクシングです。元プロボクサーの経営者というと、チャンピオンが引退後にラーメン屋や焼肉店を出したけど、世間にはすぐに忘れられるといったイメージがあるかもしれませんが、そうではありません。

業種は、製造業、建築業、運送業、問屋さんなどさまざまですが、皆それぞれに立派な経営をされ、業績を伸ばしています。

当然のことですが、ボクシングは厳しいトレーニングを積んだ大人同士が、本気で殴り合います。ですから、試合前のボクサーは相当な恐怖を感じ、それを乗り越えてリングに上がるそうです。

そのような恐怖心と戦い、打ち勝つ勇気を養ってきたボクサーたちは、「倒れることは怖くない。ただ、後ろ向きに倒れるのだけは嫌だ。倒れるなら前へ」と言います。

リングの上では敵に挑みかかり、経営では前向きな挑戦を続ける。その結果、全力を出して負けたとしても悔いがないけど、敵から逃げ回り尻込みをしてチャレンジをしないと、一生後悔するということです。
彼らから、ボクシングと経営の意外な共通点を教わりました。

共通点28 素直に人の話を聞く

伸びてる会社の社長はみんな素直です。

素直とは「穏やかで逆らわないこと」「ありのままで正直なこと」ですが、経営の場面では、**「他人から学ぶ姿勢をもっていること」**という表現が、一番ぴったりきます。

会社を経営する社長であれば誰でも、もっと売り上げを伸ばしたい、もっと利益を増やしたいと考え、そのためによいアイデアがないかとセミナーに参加したり、本を読んだり、インターネットを検索したりしているはずです。経営者仲間に相談したり、経営者の交流会や勉強会に参加することもあると思います。

じつは知識やアイデア、経営のヒントを得るチャンスは、誰にでも平等にあります。それをものにして自社の経営を伸ばせるかどうかは、受け手である社長の考え方と行動にかかっているのです。

第5章「共通点22」でもお話ししましたが、人は耳が痛い話をされたとき、以下の4つのタイプに反応が分かれます。

①反発する人
②下を向いてうなだれる人
③右から左に聞き流す人
④素直に聞く人

素直に人の話を聞く社長のもとへは、社員や取引先、異業種の経営者仲間などから多くの耳寄りな情報が届きます。逆に、素直でない社長のもとには次第に情報が届かなくなっていきます。「せっかく進言してもまともに聞いてもらえないなら、わざわざ時間と神経を使ってまで意見する意味がない」と周囲が考えてしまうからです。

もちろん、社長のもとに届く情報には厳しい意見も含まれていますが、みなさんももうお分かりのように、それこそが会社をもっとよくするための成長のヒントなのです。

私が親しくしているF社のJ社長は、東証一部に上場し業界シェアはトップを誇りますが、会社をもっとよくしたいと貪欲です。彼は、経営者の勉強会などに来ると、必ず人の話を聞きながらメモを取っています。もちろん、メモを取るというのは素直に聞くという聞く側の姿勢なのですが、話す側にとっても、相手がメモを取りながら真剣に聞いてくれると、つい熱を入れて本気のアドバイスをしたくなるのです。

素直な社長は、他人の意見を聞くだけではありません。売り上げを伸ばすヒントや経費を削減するアイデアを手に入れると、すぐに試します。

第5章「共通点24」でもお話ししたとおり、「知っている」だけでは何の意味もなく、すぐに行動することが結果に結びつきます。伸びてるのは、知識がある社長ではなく、行動している社長だといえます。

しかし、伸びてる会社の社長が全員、ずば抜けて能力が高いわけでも、アイデアマンだというわけでも、冗舌で営業上手だというわけでもありません。

そのような個々の能力は、社長がもっていなくても、社員や社外の専門家の助けを借りることによって補うことができるのです。

しかし、社長が素直に人の意見を聞く耳をもっていなかったり、意固地にならずによいと思ったらすぐに行動を変える素直さをもっていなかったとすれば、その会社の大きな発展は期待できません。

誰に何を言われても「ありがとうございます」「すぐにやってみます」と言うくせをつけるだけで、会社は成長するはずです。

コラム

経営理念と事業目的を変えなければ朝令暮改は悪くない

「うちの会社の社長は、言ってることがころころ変わる」

こんな言葉をよく聞きます。社長の発言に一貫性がなく、まさに朝令暮改。そんな会社はうまくいくはずがないのかと思えば、そうではありません。

私が尊敬するL社のT社長もそんな朝令暮改社長の一人です。

「うちの社長は、言っていることはころころ変わるけど、その瞬間その瞬間で正しい判断をしているんです」

L社の社員が言ったこの言葉が、T社長の考え方や行動をズバリ言い当てています。

T社長は、勉強熱心で人柄もよく、仲間が多くいるので会社をよくするための情報があちこちから次々に飛び込んでくるのです。そして、これを素直にすぐ実行に移します。

その結果、社員には「この前と言っていることが違う」「また指示が変わった」と見えるのですが、じつはどの会社でもやっている「改善」のサイクルがほかの会社と比べて何倍も速いだけなのです。

もちろん、いくら素直だからといって簡単に変えてはいけないことがあります。

それは、この会社がどのような目的で存在するのか、この会社はお客様や社会に何を提供するのかといった経営理念や事業目的です。

たとえば、これまで長年続けてきた事業とまったく関係がないのに、「これからはインターネットの時代だ」と聞いて突然インターネットショップをはじめるとか、固定買い取り制度ができたからといって門外漢の発電事業に首を突っ込んでも、うまくいくはずがありません。

一方で、売り上げを伸ばすために営業方法を見直すとか、経費削減のために仕入先を洗い直すといったことは、経営戦略や戦術のレベルの話ですから、よりよいやり方のヒントやアイデアがある場合には、どんどん試してみるといいでしょう。

共通点29 常に謙虚

伸びてる会社の社長は、とても謙虚です。

誰でも傲慢で尊大な人とは距離を取って付き合おうとします。自慢話をする人、態度が横柄な人、いつもぞんざいな口の利き方で偉そうな人は疎《うと》んじられ、軽蔑され、嫌われてしまいます。決して人気者になることはありません。

熱意と能力がある上に努力もする人は、必ず結果を出します。結果を出すのに謙虚な人は尊敬され、周囲の人はファンになり、みんながその人をほめるのでさらに人気が出ます。

意識してわざと傲慢に振る舞ったり、人に嫌われようとしている人はいません。しかし、努力して結果が出ると、人は自然と「やっぱり自分はできる人間なんだ」「自分は頑張った」「自分はすごい」と自己肯定をしてしまいます。周囲からも「すごい、すごい」と言われ、無意識のうちに天狗になってしまったりするのです。

特に、野心がある創業社長は、創業時の苦労が多かっただけに結果が出はじめると、つい気が緩みがちです。それまでは誰にも負けない努力を積み重ねて成長してきたのに、ちょっと成功して有頂天になった結果、社員の心もお客様の心も離れ、一気にピンチが訪れます。

すぐに心を入れ替えればいいのですが、一度成功体験をしてしまうと「おれはできる人間だ」と勘違いしてしまい、せっかく成功しかけた会社をつぶしてしまうという例も少なくありません。

稲盛氏はこのことを「失敗は試練であるが、成功もまた試練である」と表現しています。成功しているときこそ「謙虚にして驕《おご》らず」、それまで以上に謙虚に努力を重ねないと、すぐに転落してしまうということです。

かつて「ＩＤ野球」でプロ野球のヤクルトスワローズを優勝に導いた名監督、野村克也氏は、よく「勝ちに不思議な勝ちあり、負けに不思議な負けなし」とコメントしていました（松浦静山の剣術書からの引用とのことです）。これもまた同じことを意味しています。

また偉そうなことを言ってしまいましたが、私自身が謙虚さを身に付けられているわけではなく、逆にいつまでも謙虚さが身に付かずにいるため、自省を込めてこのお話をしています。

というのも、前にもお話ししたとおり、司法試験に最年少合格した私は、周囲から「すごい、すごい」とおだてられ、「先生、先生」と言われることに酔ってしまい、大きな勘違いをして天狗になってしまいました。

運よく盛和塾と出会い、謙虚であることの大切さを教わり、日々偉そうな態度をとらないよう気を付けていたつもりだったのに、先輩経営者から「三谷の態度はなってない」と強烈なお叱りをいただきました。さらには、親しくしていた後輩経営者からも「三谷さんは謙虚さが足りない」「自分はどんなときでも、頭上から神様が監視カメラで、傲慢な態度をとっていないかを監視しているつもりでいる」と言われ、ショックを受けました。

そして、自分が考えているより何倍も腰を低くしてやっと、周囲から「三谷は少しはまともな人間になった」と思われるのだと気付き、猛烈に反省しました。

それ以来、たとえばタクシーに乗ったときには、「車内には、防犯カメラと神様の監視カメラの2つがついている」などと考え、誰も見ていないところでも運転手さんには丁寧な言葉で目的地を告げ、感謝を伝えて料金を払おうなどと心がけています。

最後に、私が「あの社長は謙虚だ」「自分もあのようになれるよう、まねしたい」と感じる経営者の一例を以下に挙げておきます。

●小さなことにも感謝し、それを言葉にできる人

心から「ありがとう」の言葉を連発できる人です。食事を終えるとお店を出るときに必ず「ごちそうさま」と言い、勉強会に参加したら必ず帰り際に主催者にお礼の言葉を伝えています。

●他人の悪口や愚痴を言わない人

公衆の面前ではもちろんのこと、ＳＮＳやブログなどでも、他人の批判や文句は絶対言いません。

●収入や立場にかかわらず、人を大切にして自らの時間を提供する人

相談も持ちかけると、とても忙しい身であるにもかかわらず時間をつくってくれます。連絡を取る際にも秘書に対応を任せるようなことはなく、自分自身でメールや電話をします。

●自分の手柄にせず、他人の手柄にする人

努力している人ほど「社員のおかげ」「お客様のおかげ」「自分は運がよかっただけ」と言います。

コラム

稲盛和夫氏から学んだ謙虚な姿勢

私の中で究極の謙虚な大経営者といえば、もちろん稲盛和夫氏をおいてほかにいません。中でも、忘れられないエピソードがあります。

それは、3年前に参加した盛和塾の例会でのことです。勉強会が終わり、懇親会がはじまると、全国から集まった2000名近い参加者たちは、それぞれの円卓で経営談義をします。お酒と食事をいただきながら、「どこからいらっしゃったのですか」「どのようなお仕事をされているのですか」「経営上どのような工夫をされているのですか」「社員教育はどのようにされていますか」など、話は尽きません。

そんな懇親会のさなか、となりのテーブルから突如拍手が起こりました。私がとなりのテーブルのほうを振り向くと、なんと稲盛氏が会場内を歩き回り、「今日はよく来てくれた」と言って、参加者と握手をして回っているのです。おそらく懇親会がはじまってから、食事もとっていないはずです。

稲盛氏が経営に携わった京セラ・KDDI・日本航空の連結売上は合計7兆円を超えています。これだけの実績がある81歳（当時）の大経営者が、ヘトヘトになりながらろくに食事もせず、私たちのところまで歩いてきて労をねぎらい、握手をして回っているのです。このことに私は、とてつもない衝撃を受けました。

もちろん、本来であれば、参加者である私たちからお礼に伺うのが当然なのです。

この話には続きがあります。その日はホテルで1泊し、翌朝新幹線に乗って横浜に戻ろうとした私は、偶然駅の構内で稲盛氏をお見かけしました。何人かの部下を連れていましたが、その様子がまた謙虚で、部下のことを常に気遣い、感謝しているのがこちらにまで伝わってくるのです。

誰かに見られているからとか、誰にも見られてないからというのではなく、いつでもどこでも謙虚であることが身に染みついているように感じられました。とてもまねできないお手本で、心の底から尊敬の念が湧いてきました。

「謙虚にあれ」というのは簡単ですが、自分にはなかなか身に付きません。本当に謙虚であり続けることが、どんなにすごいことなのかを体感するエピソードでした。

共通点30 伸びたいと思っている。本気で、強烈に

伸びてる会社の社長は、伸びたいと思っているのです。しかも、**ただ思っているだけではなく、「本気で」「強烈に」伸びたいと思っているのです。**

稲盛氏は、「ものごとの結果は心に何を描くかによって決まる。どうしても成功したいと思えば成功するし、できないかもしれないと思えば失敗する」と言っています。また、このことを「思念《しねん》が業《ごう》をつくる」という言い方もしています。

私は、この言葉を聞いた当初、「なんだか宗教チックな話だな」「思っただけで結果が出るなら、誰でも結果が出せるはずではないか」などと感じ、にわかには腹落ちせずにいました。

ところが、その後、延べ1万人以上の経営を伸ばしている経営者と時間をともにし、逆に伸び悩んでいたり会社をつぶしてしまった社長の話を聞いた結果、**成功した会社とそうでない会社の違いは「社長が会社を伸ばしたいと思っているかどうか」でしかないという結論に行き着きました。**

つまり、「会社を伸ばしたい」と思うからこそ、はじめて「どうすれば会社が伸びるの

か」を考えるわけです。会社はそこそこでいい、このままでいいと思うと、どうすれば会社が伸びるかなど考えません。

次に、「会社を伸ばしたい」と思うからこそ、たし算という地道な努力を続けられるのです。会社はそこそこでいいと思うと、きつくて泥くさいたし算を続けることができません。

そして、「会社を伸ばしたい」と思うからこそ、社員を大切にし、他人の意見に素直に耳を傾け、勇気をもってチャレンジができるのです。

「自分も会社を伸ばしたいと思っているのに、なかなか結果が出ないよ」と反論したくなる社長もいるかもしれません。

しかし、もしかしたら**それは「伸ばしたい」という思いが少し足りない**のかもしれません。本当に会社を伸ばすためには、「本気で」「強烈に」思う必要があるのです。

稲盛氏の言葉を借りれば「潜在意識に透徹するほどの強く継続した願望をもつこと」が必要で、「岩をもうがつ強い意志をもち、格闘技にもまさる激しい闘争心をもつ」というストイックな心構えをもたなければなりません。

社長も人間ですから、「会社を伸ばしたい」と思いつつも、心のどこかで「楽をしたい」

「趣味の時間も充実させたい」と思ってしまいがちです。**ほかのどんなことよりも経営を伸ばすことを最優先とする、そのための時間と努力を惜しまないという「覚悟」が、結局は会社の成長曲線をつくっていくのです。**

ぜひ、本書を読んでいただいた経営者のみなさんにも、「覚悟」をもって自社の経営を伸ばしていただきたいと思います。

コラム

有言実行が人を本気にさせる

私が同世代経営者勉強会【S70's】を立ち上げたとき、メンバーはまだ「若手」と呼んでもいい人たちばかりでした。それから6年が経ち、思い返してみると、結果を出している会社の社長は、当時から、次のようなでかいことを口にしていました。

「親から引き継いだ5億円の借金は5年で完済する」

「3年以内に上場する」

「5年で売り上げを10倍にする」
「宇宙航空分野に進出する」
「東証一部上場企業を買収できる会社にする」

胸に秘めるのではなく、口に出すことは大切です。言ったことを人に聞かれると、その努力をしなければ、引っ込みがつかなくなるからです。言ってしまった以上は、どうやったら実現できるかを考えざるを得なくなるからです。

でかいことを本気で口にし、実行に移している人を見ると、周りの人はつい応援したくなります。そうやって社長が努力し、周囲から応援されて会社は伸びていくのです。

この【S70's】は、同世代経営者に成長のための刺激を与えたいという思いで名付けましたが、一番刺激をもらったのが私であるということは、言うまでもありません。

おわりに

私が、多くの素晴らしい経営者から学んだ「伸びてる会社の共通点」を余すことなくお伝えしました。

おそらく、本書に掲げた30項目すべてを実行できている経営者はほとんどいないでしょう。しかし、1項目でも多く実行することで、確実に経営は伸びると確信しています。

筆者である私自身も何項目実行できているのか甚だ怪しいものです。経営者に助言するコンサルタントとしてではなく、経営を担う当事者として、これからも自らのチームを成長させていく責任を感じています。

会社を伸ばすためには、自分以上に高い志をもつ経営者仲間や、サボりそうになると叱り、くじけそうになると励ましてくれる存在が不可欠です。

もし、本書を読んでいただいた経営者の中で、私の取り組みに興味をもっていただいた方は、いつでも気軽にご連絡ください。

・同世代経営者勉強会【S70's】 http://s70s.net/

・経営を伸ばす顧問弁護士　　http://www.komon-bengosi.net/

これまでに私と時間を共有してくださった、多くの経営者に感謝します。

素晴らしい経営をしている約100社の顧問先経営者。

いつも前向きに経営を伸ばす【S70's】の同世代経営者。

経営の王道を教えていただいた稲盛塾長と盛和塾の同志。

経営を伸ばすための討論が大好きな中小企業家同友会の仲間。

社外取締役を務める会社のとてつもなく優秀で謙虚なボードメンバー。

そんなよいお手本が私の周りにいたおかげで、本書を書くことができました。

最後に、出版のきっかけをつくってくれた松尾昭仁さん、執筆に専念させてくれた事務所のスタッフと家族、そして企画から執筆まで温かくご指導いただいた合同フォレスト編集部のみなさんに感謝いたします。

だれ一人欠けても、本書を書くことはできませんでした。

ありがとうございました。

2017年2月

三谷　淳

● 著者プロフィール

三谷　淳（みたに・じゅん）

未来創造弁護士法人　代表弁護士
税理士
株式会社エイアンドティー取締役

慶應義塾大学法学部法律学科卒業。

1996年に司法試験に最年少合格。2000年に弁護士登録後は横浜の大手法律事務所に勤め、数多くの裁判を手がける。このころ旧日本軍の爆雷国家賠償訴訟に勝訴し、数々のマスコミに取り上げられる。

しかし、2006年に独立し三谷総合法律事務所（現・未来創造弁護士法人）を設立すると、裁判で勝つことよりむしろ裁判にならないことが大切であると考えるようになり、徹底した紛争予防を研究した結果、「日本一裁判しない弁護士」と呼ばれ、企業経営者から絶大な支持を受けるようになる。

2010年に同世代経営者勉強会【S70's】を立ち上げ、延べ3000人の経営者メンバーと切磋琢磨するほか、京セラ創業者稲盛和夫氏から直々に経営哲学を学び、東証JASDAQ上場会社の取締役に選任されるなど経営の王道を模索する。この中で、経営を伸ばす会社にはいくつかの共通点があることに気付き、自らもまねして実践したところ、事務所の経営を3年で3倍規模に成長させた。

弁護士としてだけでなく、税理士と取締役の3つの視点をもつ「経営を伸ばす顧問弁護士」として地域、業種を超えて全国各地の上場企業から社員数名の企業まで約100社の顧問弁護士を務める。

同世代経営者勉強会【S70's】　http://s70s.net/
経営を伸ばす顧問弁護士　http://www.komon-bengosi.net/

	チェック項目	Yes	No	No だった場合の明日からの行動計画(伸びしろ)
18	株式の大切さを知っている			
19	業界とつるまない			
20	トラブルも病気も未然に予防している			
21	小さな約束も死守する			
22	本気で怒ってくれる人にお金を払う			
23	自分以上に高い志をもつ仲間がいる			
24	知っているだけでなく、やっている			
25	私利私欲がない			
26	すべてを自分のせい（自責）にしている			
27	勇気がある			
28	素直に人の話を聞く			
29	謙虚で驕らない			
30	本気で強烈に伸びたいと思っている			

■ Yes の数はいくつでしたか？

30 個	あなたの会社の経営は完璧です。日本を代表する会社になるでしょう。
25 ～ 29 個	あなたの会社は素晴らしい経営をされています。この調子で経営を続ければ素晴らしい成長が約束されています。
15 ～ 24 個	あなたの会社はよい心がけをもって経営していますが、まだ伸びしろもたくさんあります。本書を参考にしながら伸びてる会社をもう一度研究し、まねしてみてください。
0 ～ 14 個	あなたの会社は伸びしろだらけです。伸びてる会社の経営を 1 つでも多くまねすることで自社の経営も飛躍的に伸ばすことができます。

付録 あなたの会社の伸びしろ(達成状況)チェックシート

表の各項目を読み、「Yes」または「No」の欄に○印を付け、自社の達成状況をチェックしてみてください。もし「No」の場合には、達成するために明日からどのように行動するかを右欄に記入してください。

チェック項目		Yes	No	Noだった場合の明日からの行動計画(伸びしろ)
1	自分が売りたいものを売らず、お客様がほしいものを売っている			
2	かけ算でなくたし算をしている			
3	社員と同じ仕事でなく、社長にしかできない仕事をしている			
4	行動が早い			
5	常に新しいことを求めている			
6	仕事が好き			
7	でかい目標が常にある			
8	利益が好き〜経常利益率10パーセント			
9	税金を払うのが好き			
10	インターネットに精通している			
11	何よりも社員を大切にしている			
12	高い目標を社員と共有している			
13	社員を仕事に熱中させている			
14	採用活動を大切にしている			
15	経理が異常に細かい			
16	適正価格を考え抜いている			
17	公私混同をしない			

企画協力　ネクストサービス株式会社　代表取締役　松尾 昭仁
組　版　GALLAP
装　幀　株式会社クリエイティブ・コンセプト
イラスト　望月ミサ@ White Space

弁護士・税理士・上場企業取締役だから分かった
伸びてる会社の意外な共通点

2017年2月28日　第1刷発行
2017年3月24日　第2刷発行

著　者　三谷　淳
発行者　山中　洋二
発　行　合同フォレスト株式会社
郵便番号 101-0051
東京都千代田区神田神保町 1-44
電話 03（3291）5200　FAX 03（3294）3509
振替 00180-9-65422
ホームページ http://www.godo-shuppan.co.jp/forest
発　売　合同出版株式会社
郵便番号 101-0051
東京都千代田区神田神保町 1-44
電話 03（3294）3506　FAX 03（3294）3509
印刷・製本　株式会社シナノ

ISBN 978-4-7726-6083-9　NDC336　188×130